人閱書　錢是本書　書悅人　書是本錢

一期一會　熱情不減　譜寫故事　出版夢想

Judicial
Interpreters

司法通譯

陳允萍 Peter——著

推薦序

陳子瑋

國立臺灣師範大學翻譯研究所 所長
臺灣高等法院特約通譯

「法律之前，人人平等」的理念自古以來東西方世界皆有，到了現代社會，更具體出現在國際公約中。《世界人權宣言》第七條即明確揭櫫此一原則；《公民權利和政治權利國際公約》更詳細規範種族、膚色、性別、語言、宗教、政治或其他理念、國籍或社會出身、財產，出生或其他身分等因素，都不能成為不平等的原因。司法通譯所要消弭的對象，即是因語言而造成的隔閡及不平等。

隨著最近數十年來新移民陸續進入臺灣，社會多元化程度已經大幅提升。新移民進入社會後，在初期與主流社會接觸的過程中，會產生語言隔閡，因此便需要通譯協助。而其最終目標就是要協助新移民在臺灣能充分發揮個人能力，進而造福臺灣乃至全世界。新移民所需要的通譯類型中，司法通譯的難度最高，不僅涉及兩種語言之單純轉換，還包括對於司法體系的認識、法律用語的掌握及參與司法通譯流程各方對於通譯角色的不同期待。通譯究竟是中立的傳聲筒、鄉親、專家還是司法人員的助理？恐怕立場不同的各方答案都不一樣。在這樣複雜的雙語溝通環境中，只有語言能力絕不足以擔任通譯，因此必須接受各項訓練，以強化通譯專業知識及技能，並保障能恪守通譯倫理。

陳允萍先生出身基層警界，並獲有碩士學位，現任職內政部移民署服務站，學養精深且實務經驗豐富。近年來積極推動司法通譯普及化及人才

培育相關工作，不僅糾集有識之士共同加入；更四方奔走，為司法通譯工作籌措資源。雖然大作中對於當前成果仍有不滿意之處，但若以此成果放諸全世界，恐已難有出其右者，成效堪稱斐然。本書是陳允萍先生多年從事司法通譯訓練課程的精華版，其中不僅有紮實的訓練課程，也有令人動容的故事。內容深入淺出，適合所有想要接觸、認識司法通譯的人士閱讀。想要實施司法通譯人才培育訓練的機構，也可以直接採用本書作為訓練教材。

師大翻譯研究所多年以來亦投入司法通譯相關研究、教學及實務工作。除發表司法通譯相關論文、開設司法通譯相關課程外，師生亦親身投入司法通譯工作，其間有幸得以認識陳允萍先生及台灣司法通譯協會會員，並長期與陳先生及協會合作。歷年來親見陳先生與協會會員努力不懈，致力精進司法通譯品質之用心，深感敬佩。是為序。

推薦序

李念祖

理律法律事務所 律師／副所長
東吳大學法律學研究所 兼任教授
中華民國憲法學會 秘書長
中華民國仲裁協會 名譽理事長
總統府人權諮詢委員會 委員
總統府司法改革國是會議 委員

司法通譯之學的啟蒙教科書

陳允萍先生，本書的作者，台灣司法通譯協會的創辦人，是一位矢志為我國的司法程序發展專業通譯的先驅。這本書，應該是台灣首見的司法專業通譯工作指南，也可以說是一本從事司法通譯專業實務的教科書。

我與允萍先生結識，是在舉行理律沙龍講座的一個晚上，他應邀請主講一項久遭忽略的人權議題——從我國司法通譯的現況及困難討論如何維護語言障礙弱勢者的訴訟權益；簡單來說，就是訴訟中語言不通者的人權問題。允萍先生的演講中，素樸的氣息散發著熱情而又慈悲的胸懷，切中要害，打動人心。

我遂開始了解，允萍先生因為任職移民署及擔任外事警察的工作經驗，很有機會近距離觀察，而且能夠深刻地認識到，檢警偵查及司法審判的程序之中，無數語言障礙弱勢者面臨的基本人權困境。長期的體會與悲心，啟動了他的志業追求，就是投身打造一個符合正當程序要求的司法通譯專業環境，乃有本書的問世。

　　語言障礙弱勢者面臨的基本人權困境是什麼呢？人們也許會忽略，許多人視為畏途的訴訟（也就是打官司），是受憲法保障的一項基本人權。請求法院依照正當法律程序提供公正公開的審判，是每一位進入法院訴訟的當事人應該得到的基本權利保障。但是訴訟是何等複雜而專業的程序，理解其中奧妙的門檻很高，一般人並不容易跨越；何況是語言、文化不是主流的族群，例如移民、移工、原住民、外國人等等，他們需要通譯，輔助他們在訴訟中進行雙向的溝通，否則他們的訴訟權利就會完全被淘空。

　　訴訟權利的淘空，意味著需要藉由訴訟救濟保障的實質權利隨之不守，也就是基本人權的保障完全落空。不要以為通譯只是小道，普遍缺乏專業人力從事有效的通譯，真正是保障人權的司法網絡上的一大漏洞。這個問題當然也並非完全無人注意，今年（2017）舉行的司法改革國是會議，對於訴訟中文化或語言障礙弱勢的權利保障，就曾特加置意，但是距離問題的全面解決還很遙遠。

　　允萍先生的作法，則是盡己力之所能，縮短障礙形成通譯理想境界與實務現況之間的巨大差距。多年以來他從事廣泛閱讀、潛心研究、自撰教材、開班授課，以養成更多的專業通譯人才為己任，從做中學、也從做中教，長年的思考、實踐、呼籲、寫作，逐漸結晶成就了這本實用而且含藏豐富的啟蒙之作。

　　這本書中，提供了司法通譯專業工作上面向獨特的實務訣竅，也列舉了司法通譯人員應該遵從的專業倫理，乃至職業風險的趨避之道。字裡行間，更還記錄了當今司法通譯制度上的盲點與不足，人力不足是因為報酬

經費不足，經費不足則是因為觀念不足、認識不足、重視不足、用心不足與尊重不足的緣故。作者用功甚勤而用心頗深，洞悉時弊的苦口婆心，全都躍然紙上。

我很是欽佩允萍先生不肯懈怠的專業精神與毅力。蒙他看重，邀我為讀者介紹本書，我拜讀一過，收穫很多，體會很深，樂為此序，以表敬意。

推薦序

廖元豪

國立政治大學法學院 副教授
美國印第安那大學布魯明頓校區法學院 法學博士
曾任總統府人權諮詢委員會 委員

聽不懂的正義，不是正義

我們有沒有想過，在出國留學、工作甚或只是觀光時，有一天忽然被人指控自己偷竊，然後必須上法院。這時，你會發現自以為「還可以」的外文程度，完全不足以理解警察、檢察官、法官的問話。即使聽懂了，也不知道那一堆英文、日文、法文、阿拉伯文……代表什麼意義。

甚至別說是出國，我們許多人在台灣，一旦面臨訴訟，走進偵查庭或法庭，你也發現自己好難理解那些法律用語以及它可能帶來的後果。拿起傳票、起訴書，這些到底在寫些什麼？如果連中文都會讓你我覺得「每個字都懂，合起來都不懂」，那就更別說外文了。

每一個「專業領域」都有很多外人難懂的語言。但法律程序所使用的語言文字，會立即決定你的生死、財富、命運，可是我們卻往往不懂。因為中間缺少一個能把「法律語言」溝通成你我了解的「人話」的橋樑。

不管你是原告或被告，走進法庭，卻發現自己聽不懂。這怎麼可能得到「公平審判」？我們的法律教科書與大法官解釋，一直提醒「正當程序」的重要，並且認為正當程序必然包括「表示意見的機會」。然而，我們若聽不懂，怎麼表達意見？如何答辯？

　　我多年來參與台灣移民與移工的權利倡議運動，也真的看過許多令人痛心的案件。有許多人遭到剝削與侵害，但為什麼不去提出告訴？為什麼不去找法院給他們一個正義？因為根本不知道怎麼運用司法程序，也不知道怎樣用中文寫訴狀。他們猜想，到了法院可能也是一堆聽不懂的話。

　　早期甚至在很多移工與雇主的勞資爭議案件中，由於專業通譯太少，居然找了（往往是共犯成員的）「仲介」來翻譯案件。或是以非常微薄的酬勞，聘請在台灣的移民姊妹（多半是婚姻移民）來協助。仲介與移民姊妹的「外語」或許是沒問題的，但前者有嚴重利益糾葛，且他們都欠缺「法律語言」與「通譯職業倫理」的專業訓練。這樣的判決結果，怎能讓人心服？

　　讀了陳允萍這本敘述詳盡又精彩的《司法通譯》，看到許多案例，以及司法通譯的「行規」與「專業」，能讓我們更了解司法程序多麼需要有素質的通譯。尤其在台灣現在亟亟於「國際化」、「全球化」的今日，在司法程序中設置良好的通譯體制，聘用優良的通譯人員，實乃當務之急。否則，我們對待語言不通的世界各地人士，難道就是讓他們摸瞎遮耳地進入法院來賭運氣嗎？

　　本書作者文筆流暢，內容也十分吸引人，其主題更是台灣當前非常重要的一環。建立良好的司法通譯，或許也是「司法改革」應該更加關切的事項。有鑑於此，我誠摯推薦關心司法的朋友，人人都該一讀本書。

推薦序

劉進福

中央警察大學外事系及外事所　專任教授

國際人口遷徙（international migrant）是一種全球化的社會現象，而人口流動有其學說理論及其特徵。然而，人口流動中，顯然對接納國會帶來相當的社會壓力和緊張，尤其在經濟不景氣、失業率過高、犯罪率高成長或人口膨脹時，均會帶來嚴重的排斥或歧視之行為。人種主義及人種歧視則在人口流動的過程中，最容易出現接納國的社會以自國人優先（ethnocentrism）或排除外國人（informal racism）的偏差思想，甚至會演變成恐怖且不理性的流血攻擊事件，因之 Xenophobia 乃被批判是「糾纏歐洲的新型態的惡靈」。而 1965 年之「廢除所有型態之人種歧視國際條約」（International Convention on the Elimination of All Forms of Racial Discrimination, ICERD），是世界各國用來反抗人種歧視的利器，更為多數國家在其國內積極體現人權維護，排除人種主義與人種歧視的法律依據。此外，另有被稱為兩人權公約之《公民及政治權利公約》及《經濟、文化及社會權利公約》，更闡明人權議題中之司法通譯乃基本人權之普世價值，亦被許多國家奉為保障及維護人權之圭臬。

現階段，隨著時代社會的變遷，全球化時代的來臨，國與國之間往來的互動更形密切，外勞的開放、婚姻移民的增加、來臺陸客的驟增，以及外來人口的數量擴大等層面，而隨之衍生的跨國犯罪問題（如人口販運、洗錢，以及相關之涉外刑案等），均屬外事警察在外來人口管理之職掌範

疇。再如我國社會面臨人數大量膨脹（外勞比例之提升及外來人口婚配之增加），並飽受外國人逾期居停留、非法外籍工作者、人口販運問題、跨國犯罪等案件日增之挑戰，亦增加涉外案件內容之複雜性及多樣化。但在警察業務之中的涉外案件處理仍以外事警察為主體，換言之，涉外案件的處理業務乃外事警察之最主要職掌之一，因之，身為外事警察除應落實國內法令對人權之保障，更應體認司法通譯之重要性，方能在我國與國際社會接軌之時代，在號稱地球村潮流裡，共同創造一個接納外國人、與外國人共生共榮的良好環境，以維護國家安全、秩序的安定社會。

作者陳允萍君與本人相知相惜於中央警察大學外事警察研究所，余忝為渠之論文指導教授，深感其對涉外案件處理之相關問題的研究頗有見地及熱忱，勉其應秉持平日對外籍弱勢族群的熱切關懷並為他們伸張正義、爭取權益。允萍君於研究所畢業後，更全心全力投入司法通譯領域之開創，不畏譏讒，無懼挑戰，終能於 2007 年成立台東縣外語通譯協會，繼續熱誠擁抱當地之外籍弱勢族群。本人亦曾受邀至該協會為其成員們，解說司法通譯及基本人權之議題，以表達對該協會之支持及激勵。

陳君歷經外事警察之基層工作以及外事巡官等職，後轉至內政部移民署服務至今，在相關涉外實務之領域累積豐富經驗，就其涉獵多年之外事業務及司法通譯之心得，集結成冊，並臚列處理涉外案件之相關學理與運用技巧，旁徵博引相關法規及案例，更增添本書之可看性及價值性。此書不僅可提供對司法通譯有興趣的眾多讀者，一本入門的學習好書，而本書引用之實際案例，特別是針對外國人之偵訊與調查之流程部分，闡述甚

詳，並舉自己切身之案例分析、檢討，發人省思，以收震聾發瞶之效，以啟後學警惕，更屬難能可貴之功。

　　陳君不吝花費近十年之寶貴歲月，在全國各地不遺餘力地推動司法通譯制度之改革運動，其矢志推動改革之熱忱及維護基本人權之追求，實讓人激賞與佩服。當其多年在司法通譯方面之研究大作，即將付梓之際，囑余說幾句話，本於多年相知之情誼，本人樂意提筆撰文為之推薦，並作為狗尾續貂之用，此外，尚請社會賢達先進，多給予本書之匡正與關懷，則不勝感荷！

自序

　　本書得以順利的撰寫完成，不僅是個人在公職生涯與對於司法通譯研究領域的彙成而已，更要感謝在我奔走全國推行司法通譯制度的背後，有一群在之前和我完全不認識卻認同我的理念並且一直默默支持我的人。花蓮基督教女青會的理事長林桂香女士、張明慧女士，創辦《四方報》的張正先生，理律基金會的李永芬執行長及副所長李念祖律師，民間司改會林永頌律師、林峰正律師，台灣師範大學翻譯研究所所長陳子瑋教授，政治大學的廖元豪教授，台中嶺東科技大學的昝大偉主任及他的胞妹昝懿珍老師，文藻外語大學的林一成老師以及帝亞吉歐（DIAGEO）的「KEEP WALKING 夢想資助計畫」團隊，沒有這些陌生人，我無法完成夢想，還是一個人在這台東偏鄉孤軍奮戰，有如一隻狂犬吠日，至今毫無建樹。

　　當然，若無當年中央警察大學外事警察研究所啟蒙我的指導教授劉進福老師，我亦不可能會矢志推動司法通譯的改革並一頭栽進維護語言公平並對抗不合理的現行體制的抗爭行列。還有立法院的林麗嬋委員及尤美女委員及她辦公室的團隊夥伴們，也感恩你們對司法通譯議題的支持與關心。

　　另外 10 年前在台東我成立「臺東縣外語通譯協會」時，支持我的會員們、理事長吳獻文與主任李莉莉夫妻，以及現在的「台灣司法通譯協會」的各地區的主任與主要的幹部們和一群死忠支持的會員們、台南新住民中心的修女們與社工黃郁清、信徹蓮池功德會的師父們、台東海雲淨寺的住持師父，你們出錢又出力、讓我台灣四處走透透倡議與教授司法通

譯的課程，這幾年下來讓我累積了不可多得的教授經驗與想法，得以撰寫出本書的主體架構，勾勒出所有的章節，沒有你們，沒有這本書。

更要感謝那些在這個司法體制中默默的對抗與抵制改革現行司法通譯制度的人們，你們是我的苦難菩薩，沒有你們如此的做為，我無法描述出現行司法制度與人員是多麼的不合理與荒謬，是你們激勵了我，讓我知道我的方向是正確的並義無反顧的堅持走下去，也希望在未來有一天，你們知道你們的錯誤，也來協助我一起為建制良善的司法通譯制度而努力。

允萍在此叩首感恩大家

2017/5/26

于台灣司法通譯協會

司 法 通 譯
Judicial Interpreters

緒 論

我國司法通譯制度的現狀與困境

司法通譯實務應用概説

司法通譯的實務運作

通譯實務

台灣司法通譯協會的努力

柒

司法通譯有關的口譯技巧使用介紹

附錄

壹

緒 論

寫在前言

依據公民政治權利國際公約及我國國內之二權公約施行法的精神，司法通譯制度乃在一個國家中，不通官方所使用語言的人民在不幸有需進行訴訟時，該國政府必須免費提供給語言不通的當事人語言傳譯的服務之制度。而本書在此認為，這些訴訟程序中的案件，無論案件是否成案或者是其將來是否能進入我國的司法體制任一程序（如一般違反行政法規之調查，刑事之偵查、起訴及刑、民事案件之審判等等程序）之中，均應一體適用上述國際公約所規範的範疇中，因此，對於涉外案件而言，司法通譯制度是否完善，等同政府訴訟體制上良窳主要因素之一。

吾人更進一步闡釋，與司法通譯有關的程序，均應以當事人「知」的權益為出發點來探究，不宜在上述這些訴訟程序中將其細分屬於警政或法庭口譯，均應稱之為「司法通譯」並歸屬於其範疇之中。

觀察在我國政府行政體系之中，司法通譯所衍生的問題，大致上有分為二類，一為「人」所產生的問題，二為「制度」上所衍生的狀況。

在「人」所產生的問題方面，乃政府體制中負責處理涉外案件的相關承辦人或執法人員，懂法律的，大多不通外文；而通外語的，又大都不在這個行政體制之內，也並不十分瞭解相關程序及法律問題。另外也有些許的審判或起訴人員，因為本身職司案件的偵（調）查人、起訴人或審判者，雖然他既懂法律又通外文，但因他在整個案件的進行之中所代表或扮演的角色，有法律上迴避的適用，因之不適格為合適的通譯人。在公法上進行涉外案件訴訟的時候，少數精通外文又對法律瞭解的人（司法警察或檢察官、法官），本身的角色尚不適格在個案中去擔任通譯的工作，而造成可「通」但卻無法「譯」；再者，譯者若沒有受過良好的訓練，只因一時的便宜行政或權宜措施，臨時找來通譯，容易演變成「譯」而不能「通」的現象。而如此一來，其所傳譯的案件，根本無法維護語言不通的相關當事人在案件上「知」的基本權益，更可能造成案件的程序正義（Due process）無法獲得伸張，間接的侵害了相關當事人的法權益，最後嚴重時可能導致案件的證據無法採用或是案件必須重新調查或重審，而影響到系爭事項的認定與實質正義的伸張。

就「制度」上的問題而言，依筆者長期觀察政府對於司法通譯的相關問題之處理態度與方式，更發現司法通譯的使用者（政府機關）對於司法通譯制度的改善，實有許多可以進步的空間，而最可悲的是這些案件中語言不通的當事人與通譯人，在案件發生時，他們無從選擇，只能任由這樣的體制去宰割、去剝奪他們在法律上知的權益及服務的尊嚴與對待，讓原本就在這制度中的筆者，覺得十分汗顏。

筆者自倡導與推行良善的司法通譯制度以來，曾在許多教授司法通譯訓練的場合中接觸到許多實際從事司法通譯的學員，參訓的學員一直不斷的反應及詢問有關司法通譯的相關問題，再加上在這個領域服務及從事相關的工作將近 25 年，眼見這狀況一直沒有明顯的改善，方提筆撰寫這本書，其目的一來是給有心從事司法通譯工作的人一個入門的參考，二來是希望藉由文字的傳播，向人們宣導一個良善的司法通譯制度對於維護基本人權之重要性。然而筆者學識淺薄，僅就個人所見所聞撰構本書，字裡行間或有不足與完備之處，尚盼各界對於本書內容不吝予以斧正。

本書的撰寫內容與目的

本書的內容大致上是寫給那些本身已經具備外語能力並且有心從事司法通譯工作的人為主，所以對於所傳遞語言內容之「精準度」的問題，筆者在此並不多加以詮釋及批判，取而代之的是筆者盡可能蒐集相關的案例與法規，並以合適的原理來教授譯者在傳譯司法相關案件時如何精準的拿捏。至於本書的編排內容則是以實用性為主，筆者盡量蒐集各種司法通譯實務上所遇見之案例及筆者認為可能會遇到的問題為例，讓初學的入門者能夠對於所面臨的問題，獲得相關的印證及解答，並且盡可能佐以提供在這些場域中可能遇到的人、事、地、物及相關流程等等，就筆者個人的經驗盡可能一一的詳述，讓譯者在從事司法通譯的過程中，更加得心應手，不至於因對於相關事、物的無知而感到恐懼及不安。

最後筆者計劃再以這本書的內容為基礎，針對司法通譯過程可能遭遇

的事、物及流程等為標的,透過與學術單位合作設計一系列評量的方式,讓有心從事司法通譯服務的譯者可以透過這樣的考題來實測,印證自己是否有能力從事司法通譯的工作,同時更可藉由這樣實測的分數,將譯者在司法通譯的各種場合中去分級服務,以取信於當事人及執法單位。

筆者自知所學所見或有不足,無法完整的描繪及勾勒出我國目前的司法通譯現狀並據此以建構出完美的制度,然就目前的現狀與 25 年前筆者初任公職時之狀況來相比,亦不見有任何重大的轉變,因此方引發筆者野人獻曝之雄心壯志,希望能借由這本書的出版,提出對於這個領域的看法及意見,拋磚引玉,盼有司法通譯工作之實務工作者及學術界前輩,能不吝給予本書指教。

前言

在我國,各界對於司法通譯的演進,長久以來尚處在一個摸索的階段,執法界雖有迫切的需要,但卻沒一個配套制度來培訓及考用,僅司法行政單位尚有循監察院的糾正文被動的舉辦通譯人的訓練,但受訓的譯者大都需公部門的推薦,所以外界難能一窺司法通譯神祕的面紗中究竟其內容為何。而學界對於司法通譯的研究尚處於萌芽階段,少有深入探討的文獻可供參考,於是有雙語能力的初學者甚少有機會能夠學習並進入案件的程序中做服務,更甭提學術界有什麼可以提供學習司法通譯的教材,而那些真正在整個法律實務工作者,大都由機會與經驗累積,大部分的譯者都沒有真正法學基礎或司法通譯的基本概念,只能迎合承辦人的需求,幫助

各單位解決涉外案件缺乏通譯人的窘境。

✔ 我曾經用半開玩笑的口吻在各種培訓通譯人的場合告訴聽眾，司法通譯的現狀是：「懂法律的不通語言，通語言傳譯的不懂法律；而那些又通語言又熟悉法律的人，正是那些律師、法官及檢察官，他們的角色，不適合在案件的進行中任通譯的工作。」這些看似挖苦人的話，確實一語道破了我國在司法通譯面向上的窘境，也是我想要撰寫本書的動機之一，但卻少有人真正明白，為何筆者一直積極的想推行司法通譯制度的原因，讓我心中一直覺得良心過意不去並且矢志推行維護基本人權的理念的動力，這一切都要從筆者 25 年前開始從警以來親身所遭遇的一些案子說起：

故事一：處男的眼淚

被遺忘的程序正義

再過幾天就要當兵的小朱，認識了從菲律賓來臺灣工作的瑪麗亞，二人雖然年紀相差將近二十歲，但兩人之間的友誼，並不因為語言不通而產生什麼問題，一個隻身在外工作的移工，和一個鄉下長大又涉世未深的小孩，在這個時空環境下相遇，年齡與語言的障礙，似乎並不是什麼太大的問題，他們也經常利用瑪麗亞放假的時候和她的同鄉們一起去附近的河谷溪流旁郊遊烤肉。

在事情發生的那一天，他們村裡一群人和這些從國外來台工作的移工像往常一樣在大橋下陰涼處烤肉，納涼休息，在結束之後，小朱便和瑪麗亞一起回到他的住處。或許是人在異地的寂寞，加上四下無人，二人乾

柴烈火下，小朱和瑪麗亞便發生了關係，小朱或許因為是第一次經驗吧，情竇初開的他不願意就此讓瑪麗亞離開，那天晚上一連和她發生了四次的關係，直到隔天瑪麗亞回家的時候，為了怕她老闆生氣，被以不假外出的名義開除，只好撒了一個謊，告訴老闆說她昨天去遊玩遇到一個陌生人，之後被他控制行動並且性侵害，一直到隔天她趁隙脫離那名陌生男人的掌控，回到家後才將上情告訴老闆。

在二十幾年前臺灣東部這個純樸小地方，有外籍人士被控制行動並且性侵害，是一件非常重大且嚴重的涉外案件，筆者在星期一剛上班即接獲雇主來電報案，於是向長官報告這個重大的案情之後，筆者這個外事警察前往雇主家和被害移工進行訪談，調查案件的經過始末。由於有通報壓力的關係，筆者必須立即處理好，並將這個案件做一個報告，往警政署外事組（現已改制國際組）回報案情。在當時並沒有規定受到性侵害的女性被害人案件一定要由女性警務人員來處理，加上員警大部分都不諳外語，因此理所當然，一開始即由筆者這個熟悉外語的執法人員親自來操刀偵訊被害人，但是因為筆錄內容必須詢問詳細的經過情形，包括被性侵的地點、方式、手段、次數及時間長短等等細節，問著問著連我自己都有些覺得不好意思甚至感覺不妥，才又臨時找另一名女警及教會的修女一起陪伴，最後在瑪麗亞的雇主（一位英文老師）的見證之下，把筆錄再翻譯給瑪麗亞聽內容是否正確，她最後才在筆錄末簽名。詢問筆錄的內容結果大致上是「她被一個陌生的男孩子用機車強制帶回男子住處，控制她的行動自由然後性侵她」，我們知悉上情之後，於是指揮當地的派出所備勤員警前往案

發地點搜索相關的證據，同時也順利帶回了該男子回派出所去做筆錄，該男子被警員查獲的時候還在睡覺，在睡眼矇矓之下被帶回派出所問話。

後來員警也立即請瑪麗亞到派出所去指證是否為該男子性侵她，瑪麗亞一到派出所之後立刻指認是該男子性侵她並且控制她的行動自由，一直到隔天她自行脫離之後才回到雇主家。同時瑪麗亞甚至語帶害羞的告訴筆者，請筆者翻譯給派出所警員聽，指稱該男子好像穿她的紅色小內褲。於是警員請該男子在一旁的房間內當場脫下褲子，果不其然發現瑪麗亞的紅色內褲就穿在小朱的身上，於是紅色內褲成了判定小朱性侵她的關鍵證據，當場被當成重要證物查扣。接下來小朱對於昨晚和瑪麗亞發生四次關係及相關案情經過內容，均坦誠不諱，並且對於穿著瑪麗亞的內褲一事感到不好意思，小朱唯一不承認喊冤的部分，是瑪麗亞當時和他二人都有酒意，但二人是情投意合，是自願的，小朱並沒有性侵她云云。

至此，警方認為案情已全部明朗，加害人也已經查獲，相關的證物都已查扣，證據確鑿，全案移送地檢署之後，檢察官不疑另有虛實，也依據警方的筆錄內容方向，再次重複詢問被害人及加害人、證人的相關證詞之後，以小朱有重大嫌疑並有逃亡可能之事由，向法院申請羈押小朱。小朱在法院的羈押庭供稱一如在警詢筆錄所示，指稱瑪麗亞是自願和他發生性關係，他並沒有性侵瑪麗亞，但是對於他為何穿著瑪麗亞的內褲及控制她行動自由一事及相關證據等，他一時也無法解釋辯駁，於是法官當庭諭令十萬元交保後傳。再過幾天就要去當兵的小朱，緊急向家人求救還是沒有辦法籌款到十萬元，於是當庭被法官命令收押禁見。在這過程當中由於時

間緊急的關係，從派出所、地檢署、一直到法院，都是由筆者這個通英文的外事警察去充任翻譯人員。加上又是案件承辦人的關係，對於整個案情十分的瞭解並且掌控相關關鍵的證詞與證據，因此從小朱被檢察官偵訊到法官的收押庭過程均十分順利。

過了一個禮拜法官再次提訊小朱出庭，依當時不成文的慣例，筆者還是被法庭傳喚到庭任此案件的傳譯，而小朱依然還是堅稱兩個人是認識的並且當天晚上發生關係是你情我願，同時還是沒有辦法繳交十萬塊的保釋金，對於此，法官並不是很滿意，只好反過來問他到底有多少能力能夠付保釋金，小朱的姐姐在法庭後方默默的表示，她身上只有三萬塊，加上爸爸是退伍的老兵，家裡經濟並不寬裕，全家上上下下就只能籌到這個數目。不滿意的法官當庭訓斥小朱之後，就以這數目讓他交保候傳，請他下次開庭審理的時候一定要出庭。於是小朱交保後悻悻然的離開走出了臺東地方法院。在經過了這一段時間的折磨之後，從派出所到分局，地檢署還有法院的收押等等一連串壓力之下，他不知道他到底做錯了什麼事，要受到如此的對待。回想到一個禮拜前，他只不過是和那位剛認識不久而且語言不通的朋友瑪麗亞共度春宵一刻，但有需要被如此的對待嗎？加上事後瑪麗亞不認帳，造成這一連串的誤會，他覺得心中十分的委屈，不知向誰訴苦，同時家人也不是很諒解他的行為，他無處申訴，於是到處遛達，最後一直到再次開庭的時間，不知所措的他，最後還是沒有出現在法庭當中，最後想當然爾他依法被法院通緝。

小朱棄保潛逃的這段期間到處找朋友訴苦，但並沒有獲得朋友、家

人的支持，他吃了很多的苦頭，年少的他甚至也不知道如何向相關資源求救，在絕望之餘，他將家裡的殺草劑（巴拉刈）配上了小米酒一飲而下，決定結束自己的生命，這突如其來的舉動，讓他的家人朋友及所有承辦案件的法官及承辦人，都認為他是畏罪自殺，後來他被送到醫院去急診住到加護病房急救，依醫院的標準作業均會先查他的身分，之後得知他是通緝犯的身分，輾轉告知承辦法官他現在已經住到加護病房的消息，法官收到他自殺的消息之後，因為當時筆者是涉外案件承辦人的關係，立即請筆者前去醫院的加護病房查看是否屬實並且回覆。於是筆者銜命前往醫院的加護病房，從護理長那裡找到他的資料並且請護理長帶我去他的病床旁邊，我同樣還是用很不諒解的語氣告訴小朱：「男子漢敢作敢當，用這種方式是不能解決問題的。」當時筆者在病床前告訴小朱他被通緝的時候，他因為藥物中毒，全身已呈枯草的顏色，器官皆已壞死，僅能依靠呼吸器來維持他的生命，無法回答我，他全身上下，只剩下一雙眼睛會動，我還依稀記得，我離開時看到他的眼神，充滿了無奈與憤怒，在我告訴他被通緝的時候，他不自覺的留下了眼淚，眼淚一直滴到地上，但是筆者還是一樣不留情，並且用很嚴厲的口吻告訴他，必須為這個案件負責。一旁哭紅著眼的姐姐很委屈的告訴我：「他人都這樣子了你幹嘛還這樣子對他說話？」只記得當時筆者正氣凜然的告訴她：「法官命令我前來捉拿他回去，因為他現在棄保潛逃而且已經被法院通緝，若他活著可以下床，我必定逮捕他歸案，若他走了我要一張死亡證明，以覆命法官並且結案。」之後筆者很生氣的就走了，並且交代護理長若他有些三長兩短一定要先讓我知道，過

沒一個禮拜之後，果然他就走了。筆者回醫院取得死亡證明之後，便將死亡證明交給法官結案，整個案件也告一個段落，後來瑪麗亞在二年的工作契約結束後也離開臺灣不再回來。

過了兩年，筆者到菲律賓在臺經濟文化辦事處（MECO）位於高雄的辦事處辦理無證外勞旅行文件的時候，遇到當初來臺東處理這件事的簽證官還有相關承辦人，他們平時因為涉外案件業務的關係，和我們外事警察的互動很多，因此和我們私底下也是很熟悉。這些官員偷偷的向我透露，在當時瑪麗亞有一些朋友也在現場，當他們要離境前，他們有偷偷的向馬尼拉經濟文化辦事處的官員說，其實瑪麗亞與小朱一開始都是認識的，並沒有被強迫帶到小朱的住處，他們是一起共乘一台摩托車去的，只是當時大家都是朋友，不好意思去到處講瑪麗亞可能有一些地方沒有說老實話，他們在返回菲律賓之前，因為良心不安才告訴辦事處的官員這件事。

筆者在聽到這個不可思議的消息之後，宛如晴天霹靂，剎那之間當時的一切情節好像電影倒帶似的，立即又重新再一次的在腦海當中一一播放出來，當筆者再次把「瑪麗亞可能是說謊」的元素加進所有的情節，再次回想到小朱的種種表現與各項的證據，小朱的行為舉止似乎一切又是非常合理。小朱當時從頭到尾一直表示，他是無辜的，他並沒有控制瑪麗亞行動自由，強制對方性侵害對方，他雖然也有承認當天晚上和瑪麗亞發生關係，或許他不讓瑪麗亞離開他家，但這件事並不只單單小朱單方面的作為，再加上當時外國人來臺工作只能 1 年，最多再延期 1 年，並且有一些潛規則，不像現行的規定，離家三天才可以報逃跑，在當時沒有請假，

不假外出的時候會被立即遣返等等外在因素條件，這些外在的情節逐一核對之後，似乎瑪麗亞對於案情有非常大的隱瞞，可能她是要把不假未歸的事怪罪於小朱，以確保她沒有違反臺灣的規定，可以繼續在臺灣工作，這個情節對於瑪麗亞有說謊的動機似乎也不辯自明。

　　縱然從派出所、分局的偵查隊（當時編制稱第三組）、地檢署檢察官、法院的法官等與這個案件有關的承辦人中，並沒有在第一時間洞悉到瑪麗亞說謊與她為何說謊的動機，並且也都因此而確認小朱對於瑪麗亞應該是有性侵害的事實。但是對於熟悉外國人居停留的管理業務與精通外語的外事警察而言，這些更是成為筆者知悉這些事之後，未能在第一時間發現並提醒相關承辦人而良心愧疚不安的最主要因素。特別是在第一時間，我這個偵辦這件案件的外事警察，身兼司法通譯，並且在程序上從被害人的詢問，派出所協助詢問通譯，分局偵查隊得復訊、地檢署檢察官的偵訊，最後還有法院法官的開庭等等通譯，全部都是由筆者這個精通外語的外事警察一手包辦，雖然可以很有效率並且很快地完成警方在程序上的任務，但是回想這一些過程，所有人包含筆者在內，都在案件一開始發生後就立即將小朱定了罪，讓小朱他在最後走到絕路時只能默默的流下抗議的眼淚，但即使如此也無法挽回他年輕生命的逝去與實質正義的伸張。

　　筆者不斷的反省，這到底是程序的錯誤殺了人，還是我們這些執法人員，都只是想要完成自己手上任務的自私而導致一連串的錯誤呢，這些問題不斷的在腦海當中翻滾著。那些在書本上寫著，可以救小朱生命的程序正義，在現實生活中的執法者的眼中，竟是如此的輕忽，便宜行政的結果

讓筆者去扮演著執法者與不適格的司法通譯人，終變成筆者這輩子永遠無法抹滅的罪疚。

筆者回頭認真的檢討了有關於訴訟程序上迴避的問題，發現檢察官、法官還有本身身為司法警察的我，並沒有注意到涉外案件的譯者在司法訴訟過程當中必須要確實做好迴避的問題，在法律上來說或許並沒有構成法定迴避的事由，並不需要迴避，但筆者深切的反省後覺得，就刑事訴訟法有關迴避的規定，也只是單純考量到訴訟案件是否進行得順利為主，完全是以政府機關是否能順利的進行訴訟案件的立場來界定迴避的對象與身分，並沒有考慮到當事人的權利，只有消極的，在其他的規定當中有說明對於當事人有利與不利的地方一律要注意，但對於通譯人迴避的部分，卻沒有積極的規定，或者只是在一般的倫理規則當中寫著，希望通譯人要自己去遵守（但是卻沒有處罰的規定），如此一來的法律與規定，對於語言不通的當事人的權益根本沒有什麼實質的保障。這個案件讓筆者懷著罪疚的心情反省，認為刑事涉外案件使用一個不適合（格）的人來傳譯，到最後的結果，就是任由這些政府的執法機構戕害那些語言不通的相關當事人的基本人權！

或許有人認為這樣子的想法似乎有些偏激，但是事實上是筆者以一個執法人員的經驗進行自我省思，在處理這類的涉外案件時，我們這些執法人員其實真的很少有人會站在語言不通的當事人角度，去反思這些流程與程序是否合宜，而整個法律的體制程序上亦充滿了缺陷，而我們一向宣稱的以法治國的精神與制度之中，那些可以保護那些語言不通的相關當事人

權益的程序正義究竟到底在哪裡！

故事二：通譯者人身安全篇──被殺死的通譯

在 2012 年年初時，筆者曾和民間司改會及關心司法通譯制度這個議題的團體一起到監察院去陳情，希望能夠對於這個議題有所改善。當時建言的部分包括了：

1. 對國內各使用通譯人員的機關，因為沒有標準作業流程的關係，甚至於在法令上也沒有規定得很詳細，以致於有許多承辦人都是便宜行政，使用一些沒有培訓過的通譯人員。

2. 國內各司法（警政）單位，鮮少機關專門在培訓合適的通譯人。

3. 另外對於這些培訓出來的這些人，沒有看到有什麼管理或派遣適合人員服務的機制等。

這些種種可能會衍生出的問題，希望政府能針對這些問題有所改善。其中筆者個人特別有強調一點，對於這些種種的缺失而衍生出之司法通譯的人身安全問題，也希望能夠獲得重視，否則通譯人可能會因此在服務的過程中，受到人身的傷害或是失去了生命。當時有關於司法通譯人身安全的問題，或許是沒有一個很適當的案件可以說明這種狀況是如何的急迫，所以當時對於這個議題並沒有詳細的描述與紀錄，因此監察院當時並沒有對於這點詳細的寫在後來的監察院糾正報告書之中。

筆者曾在許多培訓通譯的場合，還有相關課程擔任教授司法通譯的講師的時候，也經常耳提面命的告訴相關單位及出席的學員們，因為司法

通譯的特殊性質，執法單位不要隨便要求一個不適合的通譯人員去做相關的服務，學員們也不要因為可以領取一些報酬，就隨便地接受一個不適合案件的邀請，案件所應迴避問題及人身安全的問題，都可能會讓這個案件變得比原來的更複雜，各機關還有各學員們都應該要注意。但是這一個提醒，經常會被承辦案件的單位所忽略，而且通譯人自己也常不仔細思考這個有關於生命安全的問題。或許是因為從來沒有發生過什麼大問題，因此大家也就越來越不重視這一項觀念。

　　後來監察院這份調查報告已在 2012 年的 4 月發文給相關單位做糾正，其中對於通譯人員的人身安全問題一如預期並無多加著墨。事情發生在當時過了二個月之後，筆者已經快忘了這件事，突然在一個平靜的早上，監察院急急忙忙的打來找筆者，電話那頭是監察院調查官，他當時在筆者去陳情司法通譯案件時，負責陳情案的紀錄與撰寫的，他用急忙的口吻問筆者：「知不知道今天報紙有報導一件在宜蘭羅東夜市有一個通譯被人家殺害的事？」後來還傳真給筆者看那天的報紙，筆者當時看了以後一直說不出話來，那篇報導內容全篇摘錄如下：

| 自由時報 | 2012.06.20 （記者江志雄／羅東報導）

　　獨自在宜蘭縣羅東夜市經營菲律賓商店的女老闆顏○○，昨晚被人發現頸部纏繞電線、陳屍店內；檢警相驗結果，頸部纏繞是致命傷，懷疑案情不單純，朝他殺偵辦，將擇日解剖。檢警調查，56 歲的顏○○是菲律賓華僑，30 年前嫁到臺灣，育有 3 名

子女，與丈夫分居多年，目前獨自居住羅東夜市內開店；她的丈夫當保全員，住在冬山鄉，昨晚接獲死訊通知後到場探視，但不久就騎車離去，不願多談。

昨晚6點，一名拾荒婦到顏○○經營的商店要收取資源回收物，敲門無人回應，走進庭院朝向屋內望去，發現顏女倒臥大廳地面，還隱約看到一條電線，以為她被電線絆倒昏迷，趕緊報案。

辦案人員進屋鑑識，見死者頸部被電風扇電線纏繞一圈，地上留有血跡，但無明顯打鬥跡象，死亡約6小時；案發地點位在羅東夜市的小巷內，警方在巷口拉起封鎖線，引起民眾側目，死者的菲國友人聞訊，紛紛趕去一探究竟，議論紛紛。

死者的薛姓友人說，顏○○曾在南方澳開店，5年前搬到羅東鎮現址，她的商店以販賣菲國商品為主，還兼做地下匯兌，幫同鄉把錢匯回菲律賓，平日有菲國同鄉進進出出；顏女會說中文、菲律賓地方語言，常受邀到法院、警局擔任通譯。

幾天前，一名菲律賓勞工在宜蘭與臺灣男子吵架，涉嫌刺傷人，日前地檢署開庭偵訊，由顏○○負責翻譯；庭訊結束，菲籍勞工抱怨顏女沒有幫他講話，對此耿耿於懷，事後數度到顏女的商店購物，都用眼睛瞪她，死者多次打電話告知薛姓友人，言談之間充滿畏懼。

警方對薛某說詞相當重視，將約談這名菲國勞工到案說明，協助釐清案情。

由於案發當時筆者已不在警界，很難得知其中的虛實，不便妄下定論，直到最近有機會再度回到宜蘭縣警察局去演講，有機會接觸到這個案件的相關承辦人，私下詢問了案件的發展及進度時得知，該菲語通譯確定為他殺，經調閱附近錄影監視過濾出一名菲籍移工在案發之後匆忙離開現場，神色緊張，涉有重嫌，惟渠隔日立即離境，雖向菲方發佈請求協尋，至今仍然未歸案。我與學弟討論案件的可能發展，是否是可以導向她當時在法院通譯時，通譯對象的報復？但當時該對象有不在場的證明，加上涉案人已離境無法查證，暫時排除涉案可能。但雖如此，亦不能排除有教唆行兇之可能，只是一切都已無證可查，因為該涉嫌人早一步離境，讓警方無法順利偵破。

這個案件，雖無法證實是否因通譯的過程身分曝光的問題而導致身陷危險之中，甚至最後竟付出寶貴的生命，但筆者偵辦涉外案件多年的經驗加上各種情況之參考研判，這個假設的可能性是非常高，最後筆者只能用遺憾及悲憤的心情忠告讀者，對於不合適的案件，請勿前往通譯。無論是否因為人情壓力、或是檢、警、院的請求，對於譯者自身條件不適合的案件，請勿熱心的自行前往通譯。理由是建立可信賴的司法制度，除了需要譯者確實做到迴避的規定之外，譯者身分的一再曝光所產生的危害，才更是筆者在此一再的耳提面命要提醒大家的。

司法通譯必須建立制度

　　如前言中敘述，司法通譯制度的良窳，是一個國家的基本人權的指標之一。在國際社會中，對語言公平的問題早已有共識，並在聯合國大會議決的相關規約及宣言中已做概括性的規定，盼望國際社會各國對於這項共識，能夠在其國內法中具體的展現及建立良善的制度，以落實基本人權的保障。在這些公約之中，對於通譯問題有較明確的規範者有《公民與政治權利國際公約》（The International Covenant on Civil and Political Rights （CCPR））及《保障所有移民工作者與所屬家庭權利之國際公約》（The International Convention on the Protection of the Rights of all Migrant Workers and Members of their Families）等及其他約規，上述這些國際公約對於有關人身自由與涉及司法層面的問題部分，提及到各簽約會員國及其政黨，本於尊重每個人的基本人權，必須確保他在其國內領土中，都能享有語言公平的基本權力，並且必須用當事人所熟悉的語言（in a language which he understands of the nature），告知他所被指控的罪名、並且可免費獲得通譯協助的權力及其他必要的資訊等等[1]。顯見國際社會咸認為一個國家是否有良善的語言通譯制度，為檢視該國是否努力維護基本人權的要項之一，故要真正有效的保障語言不通者的基本權益，就必須建立一個良善的司法通譯制度，一個當事人、使用單位及譯者三方間，良善互動的司法通譯制度。

《國際亽法》

■ 註 [1]

例如在《公民與政治權利國際公約》中所規範，第 2 條第 1 項：「每個國家的政黨基於本公約須尊重與確保每個人，並在其本國領土內與服從司法的條件下，承認本公約的權利，不得因任何因素有所差別，包括種族、膚色、性別、語言、宗教、政治或是其他主張、民族或社會出身、財富、出身、或是其他地位。……第 14 條第 3 項：任何犯罪指控的判決，任何人都必須賦予下列最低限度的保證，並有充分的平等：第 1 款：用他能瞭解的語言，立即並詳盡的告知他所被指控的罪名……第 6 款：如他不懂或不會說法庭上所用的語言，能免費獲得譯員的援助」。另外在《保障所有移民工作者與所屬家庭權利之國際公約》中亦有類似相同的規範，例如第 1 條第 1 項：「本條約保障所有移民工作者與所屬家庭不得因性別、種族、膚色、語言、宗教或信仰、政治或其他主張、民族、族群或是社會出身、國籍、年齡、經濟地位、財產、婚姻狀況、出身或其他狀態而有所歧視。……第 16 條第 5 項：移民工作者和其所屬成員之家庭當其被逮捕時，必須盡可能以其所能瞭解之語言，告知其被逮捕的理由，且他們也能要求即刻以其所能瞭解的語言為其進行訴訟。同法第 18 條第 3 項：任何對其以刑事犯罪的指控，移民工作者和其所屬成員之家庭依法被賦予下列最低限度之保證：第 1 款：以其能瞭解的語言，即時且詳細的告知他所被指控的案由與原因……。第 6 款：當事人無法瞭解法庭所使用之語言時，能免費獲得通譯之協助。第 22 條第 2 項：僅有依照法律的規定，當局方能決定將移民工作者和其所屬成員之家庭當其被自該國驅逐出境。第 3 項：該決定必須以當事人能瞭解的語言進行告知……」。資料來源：施政鋒博士，語言公平網站。（http://mail.tku.edu.tw/cfshih/ln/international-1.htm#08）

理想的司法通譯制度為何

司法通譯制度應擴及（準）司法警察機關

司法訴訟程序是指整體程序，其中任何一個環節，都不應該單獨的被挑出來檢視或是討論。這點很高興在最近筆者參與的立法院公聽會上，已有法界出身之立法委員清楚的闡釋出來了。筆者更進一步認為，上述文章中提到，凡涉及到「司法訴訟程序」中之「偵查」、「起訴」、「審判」與「執行」等四階段中任一環節，有語言不通的外來人口牽涉其中時，都應該為「司法通譯」的範疇。這個理由其實十分的簡單，因為所謂的「司法訴訟程序」，就是指整體程序而言，其中任何一個環節，都不應該單獨的被挑出來檢視或是討論，因為程序本應完整討論方足以完善，法界對此莫不重視。正所謂「程序不合法、實體就不合法」，沒有了程序正義，何來實質之正義呢？再者，涉案當事人有一造並不通本國語言文字，只針對某一程序做通譯或保護，而不管其他的程序是否有合適的通譯程序，這在整體司法訴訟程序上來說，更是一個不可思議的荒謬行徑，對於相關的當事人之權益，更是一大傷害。

因為如果我們政府沒有一個良善的制度，只會縱容案件的承辦人「自行處理」司法通譯問題，而在此中，語言不通者的人權，究竟在何處。

就筆者從事涉外案件工作近 25 年的經驗得知，大部分的涉外案件，在實際處理的機關（偵查階段）就已結束了，甚少會真正進入到上述所謂「司法訴訟程序」中之「起訴」、「審判」與「執行」等其他階段。作者亦曾不斷的詢問同儕（外事警察）對涉外案件處理之工作經驗，亦得到相

同的看法與印證。真正會進入到「起訴」、「審判」與「執行」的涉外案件與真正發生的涉外案件比例，一百件中大約是五件左右吧，那麼隨之而起的嚴肅問題就來了，難道其他的九十五件的涉外案件當事人，都不用良善的司法通譯制度去協助嗎？對於這個問題的解讀，相信有良知的讀者皆應清楚標準答案為何。

另外，我國司法訴訟程序中，在偵查階段中所涉及的機關與人員，在法理上，是指地檢署及其檢察官而言。因為在刑事訴訟法中，均將檢察官設定為偵查犯罪的主體，並賦予法定的職權。但是熟悉刑事偵查工作的人都清楚，檢察官不過是「指揮」偵辦而已，真正第一線在處理涉外案件的工作人員，是司法警察和準司法警察。而這些實際處理涉外案件的司法警察和準司法警察，在沒有一個良善的司法通譯制度之下，他們只能各憑本事，「想盡辦法」的把所面對的案件「處理」掉，以免造成自己和長官的壓力和無所謂的困擾！

檢察官、自訴人及被告都是刑事訴訟過程中的當事人之一，而（準）司法警察機關又隸屬於檢察官，所以在案件的偵辦過程中，均隸屬於檢察官之指揮。因此在外觀上或是實質上，當事人或外界將其視為一體，也是理所當然的事。

依據我國刑事訴訟法第 3 條規定：「本法稱當事人者，謂檢察官、自訴人及被告」，同上述之理由，檢察官指揮司法警察及準司法警察實施犯罪之偵察，司法警察及準司法警察又協助檢察官蒐集犯罪證據，再加上可依據相關之規定實施搜索、扣押、拘提及逮捕等保全犯罪證據之作為。

據此，在刑事訴訟的過程中，將（準）司法警察機關及人員視為偵查階段的「檢、警一體」[2]，應無庸置疑。

試想，《刑事訴訟法》既然已都將檢察官、自訴人及被告三者均視為當事人的地位，而在刑事訴訟的過程之中，檢、警又視為一體，那麼，有何理由不將這些可能涉及訴訟過程的單位及人員納入所謂的司法通譯制度中來討論呢？

現行公部門的做法，均是廣納通譯人成為自己的通譯人才資料庫之一員，以供不時之需。請讀者試想，這難道不也是另一種隸屬關係嗎？這些通譯人在成為了這些機構的特約通譯時，他在被該單位指定、任命、要求、派遣前往協助通譯案件時的立場何在？他能做到公平、公正嗎？他能不偏不倚嗎？他能不聽所隸屬的單位的命令及要求嗎？而這對於案件進行的他造當事人（自訴人及被告）來說，又情何以堪，有何程序正義可言呢？隨著這一連串的質疑，相信讀者一定很清楚的知道，筆者一直不斷的強調及質疑這些通譯人員名冊的功能何在的原因。而以筆者之經驗，這些隸屬於司法警察機關的通譯，在協助案件通譯的過程，其公正性確實會受到這些承辦單位及承辦人的態度所影響，進而失去了通譯人應有的專業。

最近觀察國內有些法院也試圖自己建立通譯人名冊以應不時之需，雖《刑事訴訟法》給予法院超然的地位，使得這些法院在建立這些人員名

■ 註[2]
參照《調度司法警察條例》及《檢察官與司法警察機關執行職務聯繫辦法》內容。

冊的過程中，不被其他的人權團體來質疑其公正性，但試想，法官雖然在法庭之中可以超然獨斷，但法官是人，不是神，在近來的許多例子之中證明，他偶爾也是有犯錯的可能，況且真正聯絡及運用譯者的均是他的助理（書記官），而這些人，難道就與司法警察對於譯者之派遣與選擇有所不同嗎？這一切不斷的質疑，想必是無解。所以筆者在本書認為，唯有一個良善的司法通譯制度，才可以澈底的解決這些語言不公平的障礙。

建制良善司法通譯制度建議

1、司法通譯之各種規定應全面應用在訴訟全部的流程中一個理想的司法通譯制度，應普及於訴訟過程中的「偵查」、「起訴」、「審判」與「執行」等四階段中任一環節，又因為它的使用者是公部門[3]。所以理想的司法通譯制度更應包括三個面向中討論，第一為使用者（公部門），第二為需求者（被通譯人），第三則為這個制度的主體（通譯人及其所屬的訓練或管理組織）。

2、公部門對於司法通譯制度努力的建議方向

（1）緊密與外部組織合作並定時舉辦訓練，提供相關的專業知識訓練給譯者。

（2）建立多方聯絡方式與管道並轉飭第一線執法人員知悉。

■ 註[3]
參閱《公民與政治權利國際公約及經濟社會文化權利國際公約施行法》及原二公約之內容，同註2。

（3）定期教育自己的員工如何迅速正確的處理涉外案件。

（4）添購錄音、錄影及攝影數位設備。

（5）備整多語版之說明文件。

（6）編列適當之預算。

（7）定期與外部組織及其譯者舉辦座談檢討。

3、通譯人及其所屬的訓練或管理組織應扮演何種功能之建議

（1）招募合適通譯人員並將其納入組織。

（2）建全組織結構。

（3）建立與對口公部門連繫窗口並保持良性互動。

（4）提供通譯人員教育訓練機會與資訊。

（5）妥善管理通譯人員傳譯時之行為。

至於以上的細節部分，筆者將在接下來的相關章節中再予以論述。

司法通譯對於譯者的要求與譯者的特性 ─────────

譯者的特性

筆者觀察並研究司法通譯 20 餘年，並且經常在全國各地奔走，演說司法通譯的課程，在課堂上常向前來學習通譯的學生調侃戲稱，以現行司法通譯者本身的角色而言，司法通譯者有下列三大特性：

第一、通曉語言的傳譯者通常不諳法律常識。

第二、熟悉法律的人大部分不具備語言傳譯能力。

第三、既通法律又有能力語言傳譯的這些人，通常不適合擔任司法通

譯的角色。

　　或許有人會認為筆者這是上課時博君一笑的說法，但上課的學員聽到筆者這些傳神的描述之後，皆不約而同露出同意的笑容，想必大家於心皆有戚戚焉吧。

　　前面二點通常不需解譯，也沒有人持反對的意見，但第三點既通法律又有語言傳譯能力的這些人，通常不適合擔任司法通譯的角色，常有人不能體會箇中的笑點為何，筆者亦不吝向學員解釋說道：「這些人就是你我熟悉的法官、檢察官，因為他們都是在整個司法程序中的執法人員，皆有法律上的迴避事由，所以並不適合擔任案件的司法通譯人員。另外負責協助偵查犯罪的司法警察（通常是外事警察）因為是負責協助檢察官執行司法調查工作，更是案件發生時的第一線實際調查人員，所以在角色上更不適合在自已偵辦犯罪案件時，身兼球員及裁判自已做也負責通譯。」關於這點，應是許多外事警察的共同心得，只不過他們的長官一直把外事警察的工作理所當然認為他們是翻譯警察，一直叫他們去問外國人筆錄而已，殊不知在司法訴訟的過程，所有的執法者皆應各司其職，各職所司，謹守本分的在其所規定的工作範圍內，方能公正無私的執法，並能使其職務發揮其法律上的功能，讓所有當事人信服司法的公正及威信，而不是一味的便宜行政用這些會說外語的警察任案件調查時的通譯，讓社會大眾不斷質疑司法警察的角色是否公正。

　　其實一個良善的司法通譯制度對於司法通譯人的要求其實再簡單不過了，就是它的角色必須是一個公正、客觀的第三方，而同時這個譯者，

他必須要有能力去執行這項工作的，而這也是對於譯者條件上的要求。

譯者的要求（資格）

一個司法通譯案件對於譯者的要求，依筆者的觀察應具備二大要素，一為他所傳譯的內容是否精準，另一要素，是這位通譯人他是否適任，這二大因素缺一不可。

1、通譯人是否適任

因為司法通譯它是一種國家要免費提供語言不通的當事人，應有的基本人權維護制度。並且通譯人的通譯行為負有法律上的責任，在法律程序中是與證人、鑑定人角色與責任相同，皆為司法程序正義的重要環節，是故在法律上對譯者的要求是應該要公正、忠誠的為進行中案件的當事人進行傳譯的工作，但除此之外，並無提及如何才是公正及忠誠。所以本書認為，譯者在案件的傳譯行為，嚴守迴避原則才能勉強符合「適任」的要求。

換言之，涉外案件對於譯者是否適任的要求，除了本身的專業基礎訓練要確實之外，譯者的背景（身分、職業）是否可擔任該案件的傳譯角色，有無迴避事由等等，遠比他是否有能力做傳譯的工作來的重要。關於這點，牽涉譯者對於所傳譯案件是否要迴避的問題，在實務上則是以組織之過濾及派遣合適的譯者等管理手段作為實質迴避的方式。

因此，譯者的管理及遇到案件時派遣適任通譯人作為，本書認為更是在整體司法通譯制度良窳的重要關鍵。

　　有許多文章及論文對於司法通譯建言亦簡略的建議提到，各單位應建立司法通譯人員名冊備用，但可惜尚無人進一步談論到「如何管理與派遣合適通譯人。」所以各公部門依據這個建立譯者備用名冊之粗淺的建議，僅從各相關所屬的單位建議之譯者中挑選，作為事先過濾合適之譯者之選擇方式，再將訓練過的譯者列冊備用而已，實際上的運作，還是在案件發生時，由承辦人自己在這些名單上一一打電話請託，看何人有空前往，如此一來尚談不上有何管理二字，更談不上「派遣」，不過是一個選擇和挑選譯者的模式。

　　觀察其較有具體進步的部分是把這些原本是紙本的通譯人員名冊改成電子檔，方便所有使用者下載參考。但殊不知如此一來，是極有可能將這些通譯人的所有個資公開讓案件的當事人觀看瀏覽，造成這些通譯人的人身安全問題及引發各種可能的弊端，而這種做法，只不過又是執法人員的另一個便宜行政的權宜措施吧。

　　筆者認為，一個良善的司法通譯制度，其目的乃是為了維護語言不通者之基本人權，同時要兼顧在整個訴訟過程中，不浪費國家與當事人的訴訟資源。而制度成功良窳之關鍵，係在於這整體制度中，負責傳譯者所傳譯的案件內容是否精準正確、通譯人的角色是否適任及通譯人有無遵守通譯基本倫理的規範等三大要件，這三大要件缺一不可，任何一個環節的疏漏，都足以影響所傳譯的案件是否產生正確的法律效果。而若只依賴譯者可以謹遵這些原則性的倫理規定，未免又太苛責或高估了人性本善的因素，因此，筆者認為建立一個良善的司法通譯制度，在譯者部分包括對於

司法通譯的譯者之訓練、譯者的定期評量實測、譯者本身行為之考核管理及案件發生時之適任的譯者之派遣等等，都是良善的司法通譯制度的重要環節，並且是維護及保障語言不通者的基本人權條件上非常重要的因素。

筆者觀察現今政府機關對於通譯人員的角色是否適任一節並非毫無作為，勞動部早在民國 99 年 8 月 6 日行政院勞工委員會勞職管字第0990507735 號令訂定發號令發部之「直轄市及縣（市）政府辦理非營利組織陪同外籍勞工接受詢問作業要點」全文 12 條（後來修正好幾次），其中就有許多的條文中是肯定了非營利組織對於通譯人的管理、過濾與派遣機制的精神，在該單位對外說明的官網中也充分的說明這一點[4]。可惜該要點立意雖良善，但卻在該要點第 9 點及第 10 點以降，除了地方政府可洽請非營利組織指派所屬的通譯之外，更天馬行空的突然加入「或經其他政府機關及民間團體建置之通譯人員協助翻譯者」開放了「其他政府單位及民間團體」所建置之通譯人員字樣進來。筆者好奇的詢問現行主管機關為何將這些與該要點毫無關係的內容突然置入其中、如此原意為何？殊不知大部分由其他政府機關所建置的通譯人員，在司法案件訴訟的調查過程中，這種隸屬於政府（起訴或調查單位的一方）的性質，早己讓這些譯

■ 註[4]
勞動部表示，鑑於外籍勞工因語言溝通障礙於接受直轄市及縣市政府或警政、司法等機關接受詢問過程中對臺灣法律不瞭解，造成自身權益受損，期透過陪同外籍勞工接受詢問處理機制之建立，能使外籍在臺之權益獲得保障。（本文截自中華民國就業服務專業人員網頁最新消息，訂定陪同外籍勞工接受詢問處理機制。發佈單位：外國人聘僱管理組 http://espas.com.tw/news.php?cid=8&newsid=535&id=9）。

者失去了在該案件傳譯的資格了（違反迴避原則），更別說這當中，有許多人是臨時找來協助的而已，根本就非該單位所列冊建制的關係，而至於「民間團體」一詞，也並未在該要點解釋中出現，這種種的疑惑並未能夠獲得釐清，後來得到的答案也是如同上述所說的理由相同，就是為行政單位能多力管道找到通譯之權宜措施而已。

筆者不禁反問，以這樣的條件下找來的譯者適任嗎？更遑論勞動部以外其他單位，他們是如何找到適合的譯者來傳譯呢？譯者在這其中，又要如何自處而成為適任的傳譯人員。

筆者還是在此建言政府相關部門對於這個問題應多加重視，別再讓便宜行政的理由成為破壞良善的司法通譯制度的元兇了。

2、傳譯內容是否精準

有關傳譯內容是否精準部分，一般而言係乏指通譯人員將案件所涉及的法律內容之概念及所涵攝的範圍、條件及規定與所產生的法律效果等等傳譯給當事人知悉，使其在該案件之訴訟及救濟的過程中瞭解自己應有的權益，讓案件的當事人不因語言的障礙，而喪失了防守與攻擊的權益，這就是筆者所謂在精準度上的詮釋。

但一般人對於此而言，均將焦點集中在如何展現自己的語言能力與法律的熟悉度，而忘了最重要變數──「當事人的理解力」。因此常常觀察到在實際服務時，有譯者在傳譯這過程當中，非常忘我的展現自認為的精準度，但卻做了無效的傳譯，將整個司法通譯的過程變得毫無法律效果可言，這是初學司法通譯的人一定要非常注意的問題。至於什麼叫做正確的

詮釋法律文字以及如何轉移到標的語的傳譯策略才符合精準度的要求，將在接下來的章節中向讀者一一介紹。

司法通譯之理論、相關文獻與現行的規定 ─────────

與司法通譯有相關文獻

司法通譯的理論基礎乃建立於翻譯的各項原理之中，但是同時又要考慮到法律制度不同與抽象之變因。因此，一般的譯者雖具有口譯能力，未必能夠做好司法通譯的工作，但吾人談論司法通譯的各項基本原則，還是應從翻譯的基礎原理與文獻中推衍，方能得其脈絡與蛛絲馬跡，後再反推回到司法通譯的各種面向的應用上，方有穩固的基礎。

在我國相關的文獻中，並沒有學者專家針對「司法通譯」一詞來進行詮釋或在此方面有提出相關的論述，但對於翻譯或是口譯部分，古今中外有相當多的學者曾對此提出許多真知灼見，在此略舉筆者有限能力條件下所能查閱出對於司法通譯之學術領域有關的論述，以作為本書論述司法通譯實務的原理基礎。

1、李彥琮《辨正論》中之八備說

遠自後漢時期，早有翻譯的著作，當時因印度的佛教傳入我國，遂有人將天竺高僧帶來的《四十二章經》翻譯成佛經，後來在東晉末年更有將佛經翻譯成《金剛經》、《法華經》、《維摩經》等三百餘種，梁武帝更將這些經文總集成釋迦牟尼經典，共五千四百餘卷，當時翻譯的著作在中國已有了鉅大的貢獻。至唐朝，玄奘赴印度研究佛學十七年，帶回佛經

六百多部，耗費十九年的時間，譯出佛經七十三部、一千三百三十卷，其內容為西方基督《聖經》的二十五倍，可說是中國古代的全盛時期，為宗教信仰奠定了永久的基石。在當時有一名為李彥琮之學士，他是一位翻譯的理論家，在他的著作《辨正論》中，對於「翻譯」提出獨到的看法，他認為翻譯必須具備八個要件（八備）如下：

（1）誠心愛法，志願益人，不憚久時。

（2）將踐覺場，先牢戒足，不染譏惡。

（3）筌曉三藏，義貫兩乘，不苦闇滯。

（4）旁涉墳史，工綴典詞，不過魯拙。

（5）襟抱平恕，器量虛融，不過專執。

（6）沉於道述，澹於名利，不欲高術。

（7）要識梵言，乃嫻正譯，不墜彼學。

（8）薄閱倉雅，粗諳篆隸，不昧此文。

以上乃李氏對翻譯人員必備條件所做的最佳註解，其意為翻譯的人員除了本身在學識上的涵養一定要飽足外，更要在品德涵養上多加修養，方足以成為一位合格的翻譯員。

現代對於司法通譯之譯者在一些倫理規則中有類似的條件要求，惟這些條件及要求，僅止於對譯者自身的自律，並無法像法律及規則一般，可以據以執行及實施。

2、嚴復《天演論》中提出之「信、達、雅」

於清末民初時，嚴復在渠所翻譯的鉅著《天演論》（Evolution and

Ethics and Other Essays）中提出之「信、達、雅」之說，對翻譯界的影響更是深遠，歷久不衰。後來的學者如林語堂之《論翻譯》及其他的學者，均採嚴復之說。一直至今，信、達、雅之教條，仍是翻譯理論的教條之一。

依筆者之淺見，對於從事司法通譯者本身的傳譯能力要求而言，信、達、雅之教條似乎只能滿足從事一般翻譯工作面向的基本要求，對於司法通譯工作者而言，古代學者李氏對翻譯「八備」之說，除對通譯人的學識及語言程度有一定的要求外，更對於司法通譯者本身的品德修養（操守、廉潔）非常重視，較符合現代司法通譯者之基本要求。

3、張達聰《翻譯之原理與技巧》

我國學者張達聰於其所著作的《翻譯之原理與技巧》（The Principles And Techniques Of Translation）[5] 一書中對口譯的描述為：「口譯，顧名思義，就是用語言來傳譯；口譯並非會話，它是以語言傳達別人的思想和情感」，他同時並且進一步的說到：「由於別人的思想情感錯綜複雜，不易控制，再加上發言人（speaker）的腔調變化及傳譯人（interpreter）的發音能力，往往發生誤差，以致口譯要比會話難得多了。」另外，亦有學者對相同的學術領域（同步口譯）做這樣的詮釋：「同步口譯是一種複雜與困難的認知作業，其困難來自過程中同時多工的特性，以及在兩種語言之間傳遞訊息的特殊性。」[6] 這二位學者對於口譯

■ 註 [5]
張達聰，《翻譯之原理與技巧》（THE PRINCIPLES AND TECHNIQUES），國家，台北，民 91，頁 600。

的技巧均提出了個人的見解與詮釋，適切的描述出口譯的困難與特性。

而近期七○年代西方對於翻譯更有許多的理論出現，而這些理論對於司法通譯的影響，產生了無足輕重的變化，可惜在古今中外文獻中除對於翻譯的內容有詮譯及批判者外，並未發現有人對於譯者在司法通譯程序中的角色及行為如何管理、案件如何派遣等程序問題加以著墨。筆者猜測在司法通譯的這個領域，中、外尚未成為顯學的原因，除司法通譯在整個口譯實務中，尚屬社區服務類型的一小區塊不足讓學術界投注研究所致，再加上所需要的人力及相對付出的成本相對不符比例，有需求司法通譯的公部門相對也對於譯者的報酬、與譯者的互動規定等等，都過於陳舊與保守，使有語言能力的人裹足不前，不願意在司法傳譯這個領域貢獻自己的能力。

再者，即便有關懷與有心研究這個領域的學者，也因司法訴訟的過程往往不公開（偵查不公開），亦無法蒐集大量參考文件可供研究論述，只見學術界在「精準度」與「技巧」的部分鑽研其原理，卻不見有人在司法通譯實務的整體制度形成與譯者的傳譯行為管理等部分批判，著實可惜。

■ 註 [6]
魏伶珈，《英到中同步口譯專家與手記憶策略之探討》，〈天主教輔仁大學翻譯學研究所碩士論文〉，2003，頁 12。

近代與司法通譯技巧之相關西方學理

承上文可得知，自古至今，國人對於翻譯的知識領域，大都是在翻譯的原理和技巧方面，點出了自己獨到的看法，這對於從事實際通譯的譯者之學習來說，僅可增加自己對於是否「精確」的傳譯有些許的幫助，但在司法通譯實務工作上，卻少有助益。

筆者這些年來在全國奔走倡議及教授司法通譯，不吝向各地許多的語言工作者傳授司法通譯的實務工作經驗，在這些課程之中，不乏有留學海外學習傳譯工作的研究者，對於筆者如何在實務上操作司法通譯的傳譯與轉譯方式感到困惑與質疑，但又覺得不是沒有道理，於是就有位學員本著研究的精神，揣摩著筆者課堂教授給大家的實務經驗後，建議筆者去研究一下近代西方的翻譯理論，看其中是否有與筆者所論述的經驗相符之處，或許可以藉其中的論點來讓後來的學習者，更有步驟與層次來入門學習這門課目。而這些理論有些複雜，本書並不想在此重複申論這些理論的內容，只概略整理出一些筆者認為對於司法通譯實務有影響或有幫助的二個理論，供大家參考如下。

1、美國學者 Eugene Nida 的「功能對等理論」（Functional Equivalence）

這個理論是筆者所能查到西方最早的翻譯相關理論，Nida 他在一開始和中國古代的那些賢者相同，都是以翻譯經文開始作為研究論述的基礎，進而從中推衍出其他的原理。而一開始他並沒有提到功能二字，只是以形式對等（formal equivalence）及動態對等（dynamic equivalence）二種方式來說明譯者應遵遁的方式，在 1986 年 Nida 又再提出功能對等

（functional equivalence）來補強之前所提出對等的不足處，他強調翻譯上的溝通功能（communicative function），並取代之前的動態對等，但概念其實是一致的[7]。這個理論強調的四個重點如下：

（1）詞彙對等。

（2）句法對等。

（3）篇章對等。

（4）文體對等。

從這些重點中我們可以很明顯看得出來，這些原理都為如何妥善翻譯古聖經之內容鋪陳，試圖為聖經的翻譯找出解決的方式。但就筆者的觀察，這個理論的影響，後來卻是深植於實務法界之中，甚至在法條上都具體的展現出如此的思維邏輯[8]，而筆者在實際的服務過程中，也常見有法界人士對此原理視之為千年不變的教條並奉行不渝視為其圭臬寶典。

筆者站在譯者立場也常常反向思考這些對等論的教條理論在法律上

■ 註[7]
廖柏森，翻譯的標準（四）、網頁資料（http://blog.udn.com/trjason/10818715）。
■ 註[8]
刑事訴訟法第 189 條：具結者，結文內應記載係據實陳述，並無匿、飾、增、減等語，這其中所謂「絕無匿、飾、增、減」等文字，法界有許多人都將它解讀成為翻譯原理中的「對等」或「等值」，與美國 Eugene Nida 一開始所提出之形式對等（formal equivalence）相同（通），譯者必需將執法人員或語言不通的當事人所說的話，忠實的傳述，不容通譯人隨意傳譯，否則必以刑責繩之。初次入法庭傳譯之人若知道這一規定想必大吃一驚，不敢以其他傳譯的學理來挑戰法律的威權性。

的應用是否妥適，筆者認為，其實法曹們並不專精語言通譯領域，在語言轉譯的領域中，什麼是實質對等、要如何對等，似乎已超越了執法人員的理解，亦非他們的專業範疇了。

筆者在任職基層外事警察工作時，在工作上經常使用外語傳譯，更要時常向不通中文的對象解釋法律與相關規定，同時也經常上地檢署及法院去協助涉外案件的通譯，筆者發現，其實在實務上的傳譯，幾乎無法一成不變的套用美國學者 Eugene Nida 的「功能對等理論」（Functional Equivalence）原理與規則。舉一簡單的例子來說，讀者自然就會發現，若依照這個原理，以傳統的法學英文所做出的譯文對等、等值的譯出，根本就很少人會懂得其內容（尤其是法律權益實質的損害或保護）是在敘述什麼，更何況是案件的當事人。

以妨害自由罪這個罪名為例，傳統法學英文正確翻譯語詞是 Offenses Against Abandonment 但這個 Abandonment 在中文的字義上很難理解出妨害自由的意思，僅有離棄，遺棄，拋棄，放棄，不止之意，這就和一般人所能理解的妨害自由的罪名原意相差甚遠。但相對的，實務界工作在警政署的統計單位用詞遣字就顯得比較實在、比較親民與務實一些，他們是用 Offense Against Personal Liberty，採用字詞的原意去做翻譯[9]。相信這對於案件的相關當事人來說，可能比較能夠接受與理解。

而筆者實際從事司法通譯案件的傳譯工作時，亦不太會採用這些難懂又艱澀的法律詞彙，一般都只是用他的動作或是行為去描述這個罪責，例如以同一個罪名的傳譯，我會用非法禁錮「false imprisonment him」、 「detention him」等等的動作去描述他的犯罪事實或是行為，或是更淺白的用詞，如「you lock him in your room」（hotel...etc.）等等，最後再補充說明，「which against his right of liberty」，這樣子迂迴的、不斷的用淺顯易懂的字詞來做案件的傳譯，以期能讓被告或是傳譯的對象明白在法律上他究竟是違反什麼樣子的規定。相對的，我們再反過來用對等論的原理及傳統法學英文用字來傳譯這個例子，「you are offenses against abandonment」，我想這樣子的傳譯不能說是不對，字面上都正確，這只是依據這個對等理論的邏輯來推衍並確實執行刑事訴訟法所苛責在通譯者身上的責任而已，至於接收傳譯內容的對象，是否真的瞭解這樣子的法學英文在傳達的真實意思及對自身的法益有何影響，想必在整個傳譯過程之中，只有譯者自己才知道自己傳譯的內容實質為何。因此，筆者個人在傳譯的過程，並不會完全採用 Ugene Nida 的功能對等理論來作為傳譯方式，大部分有經驗的譯者也不會單獨採取如此的方式來做司法通譯的傳譯服務，而是部分會採用，另外主要是採用以下面所介紹的這一種原理。

2、功能翻譯理論中之核心——目的論（Skopos theory）

這個近代德國學者所提出的翻譯理論，是一位曾上過我司法通譯課程的學生所提醒我去注意的，這位學生學術背景頗為專業，是曾在英國研讀口譯的碩士並且在歐盟總部進行口譯實習，亦曾持有澳洲國家翻譯執照

■ 註[9]
內政部警政署全球資訊網，內政統計名詞定義，https://www.npa.gov.tw/NPAGip/wSite/lp?ctNode=12599&xq_xCat=02&nowPage=5&pagesize=15。

（NAATI），並在臺灣大學完成法律學分班的課業，目前仍是獨立翻譯口譯人員，因此對各種口筆譯的理論與實務均非常的熟悉，除此之外對法律原理亦有涉獵，她提點我表示，我在課堂上所傳授大家的相關經驗與所建議的口譯策略和原則，與她在歐洲的學術殿堂所學之基礎可謂南轅北轍，當下實在難以接受，但隔了一週她很高興的告訴我，她找到可以支持我的經驗的說法與理論，在這個理論基礎的架構和核心思想，更適合套用在司法通譯的特性上。

　　一向沒有時間去研究理論的筆者，好奇的找了所有關於這個功能翻譯理論中之核心——目的論（Skopos theory）相關的文獻來仔細研讀並套用在自己實務的經驗上發現，這個理論雖不盡然可以全部套用在複雜司法通譯過程中，但它大部分的原則經筆者證實，確實可以引用其中原理部分之精神，並且可以反覆驗證而得到相同的結果。以科學的角度來說，這似乎是可行的典範規則，並且可以讓譯者所傳譯案件的當事人及相關的執法人員所接受。

　　筆者認為，關於司法通譯的應用在這個理論中使用之重點為：「翻譯的策略，必須根據翻譯要達到的目的決定，原文只起到提供信息的作用，而為適應傳譯環境和目標讀者的需求，譯者在翻譯過程中的參照不應是對等理論中所注重的原文及其功能，而應是譯文在目標語環境中所期望達到的功能。」

　　筆者推崇目的論（Skopos theory）中所提及的翻譯策略調整部分，是因為筆者從事司法通譯工作 25 年來的經驗發現，傳統對等論的原則，

其實已無法適用在司法通譯的實務工作，有時更發現，執著於形式上的對等傳譯，更常失去了司法通譯的目的本質（亦即使接收傳譯內容的當事人充分理解，自己的法律權益在當前的狀態中，可能會產生什麼樣的變化）。而這個理論，廖柏森老師亦有在他個人的部落格有詳細的論述，因此不再一一論述[10]。筆者在此更想把目的論（Skopos theory）的原則如何應用在司法通譯的傳譯上，向讀者做較完整的描述。

舉例來說，在偵訊竊盜案件的警詢筆錄第一個問句是我國刑事訴訟法第95條的要件，制式的告知被逮補的罪名和三項權利的告知，內容如下：

你現在涉嫌犯竊盜罪，依據我國刑事訴訟法的規定，在訊問過程中你有下列權利：

一、得保持緘默，無須違背自己之意思而為陳述。

二、得選任辯護人（律師）。

三、得請求調查本案對你有利之證據。

上述權利你是否知悉？

我們以對等論的原則為基礎，再輔以目的論（Skopos theory）所建議方式重新調整傳譯策略並應用在這些句子中，首先，先將這些句子中較難理解的法律部分調整重組（策略之調整）之後轉譯成如下內容：

1、涉嫌→現在正在調查。

2、犯竊盜罪→你偷人家的東西（也就是竊盜罪）。

■ 註[10]
廖柏森、翻譯的功能學派、網頁資料（http://blog.udn.com/trjason/4845941）。

3、依據我國刑事訴訟法的規定 →跟據這個國家的法律規定（刑事訴
訟法）。

4、得 →可以，也可以不要。

5、保持緘默→不回答詢問的問題。

6、無須違背自己之意思而為陳述 →依照你自己的想法回答問題。

7、上述權利你是否知悉這→向你說明這三點，你清楚你的權利了嗎？

之後我們再重新組合一下經詮釋後轉譯出的句子，就變成以下方式
呈現：

警方現在正在調查你偷人家的東西（也就就是竊盜罪），依據這個國
家的法律規定（刑事訴訟法），在問你話的過程中你有下列三個權利：

第一、你可以選擇回答或是不回答警方的問話，依照你自己的想法
回答問題。

第二、你可以請律師幫你辯護，也可以放棄這個權利選擇不要請。

第三、你可以請求警方調查這個案件對你有幫助的地方，也可以選
擇不這樣做。

剛才這樣子說明這三點，你清楚你被調查時的權利了嗎？

從這個例子中，我們可以非常清楚二點：

第一、原始的警方詢問之問句大都屬承辦人的法律用語或是術語，它
大多都是法律上的文言文，不是每個人都知道這樣的問句在呈現的法律效
果是什麼。

例如得保持緘默那個「得」字，在法律上的意思是二擇一的意思，也

就是「可以」、也「可以不」，「得」，也可「得不」之意。在英文的翻譯，應該翻譯成 may（因為在英文的文法中，may，也有 may not 的意思），但如果你選詞選到 have to，那恐怕法律效果就完全不相同了，因為 have to 等於是沒有擇選之意，有「必須」這麼做之意，不識法律效果的譯者，可能將這句誤譯成「you have to remain silent」，而如此一來，就完全不是這個句子要表達的意思了！這個句子中文轉譯就變成你必須保持緘默了。正確的用法應該是要用 may 的方式，「you may remain silent」，才符合原來的意思。在筆錄上的法律的用語及效果，無論曾讀過大學或是博、碩士之人，隔行如隔山，沒有接觸過法律或熟悉法律用語的人，就是不懂，更何況是接受調查中的當事人。因此法律上用語的文言文是一定要經過正確且白話的解讀，才能夠讓當事人明白它的用意及法律效果。

第二、雖用正確字詞及文法的傳譯這些句子，但你的當事人不見得懂得它的意涵。

例如提審法，依對等論的翻譯原則譯出標準的法學英文是「Habeas Corpus Act」，但筆者相信，除了筆者剛剛去查了字典，加上一些留學國外的法律學者懂這個專業用詞之外，沒有幾個以英語為母語的當事人可以理解這個專業法律用語（因為它是約定成俗直接採用「拉丁文」原文的字，又稱人身保護法案），但是在司法通譯的實務現場，必須向當事人說明提審二字的法律內涵，使當事人明白自己本身擁有這項權利，讓當事人在被告知的情況下決定（make an informed decision）是否行使這樣權力，譯

者若用「Habeas Corpus Act」這樣子的標準法學英文來做傳譯，到底幾個人明白它箇中的真實涵意為何呢？舉這個例子可清楚說明，沒有法律基礎概念的人，雖然以正確的文法傳譯了這些句子，文法、句型都很漂亮，但傳譯對象他的語言理解力本來就有問題的狀況下，對於這樣的譯文，一定是有聽但沒有懂，這種傳譯只是徒具形式，毫無實際意義，更不具法律的效果。

所以要讓傳譯的對象明白且清楚的知悉你所傳譯的內容，以這個目的為出發，根據你對傳譯句子內容的正確理解（對等理論原則），與傳譯對象的可能理解力（參考他的對話間的應答、生理反應、知識水平、教育程度及職業等等），適時的調整你口譯的策略，並且不斷的嘗試調整你傳譯策略，一直完全確定你的傳譯對象當事人是否完全明白你的傳譯內容。讓他在法律的程序當中清楚的「知」道他的權益，如此下來，才是正確及有效的方式，而不是只要求自己的傳譯方式與內容無誤即可。

但話又說回來，遇到有提審法的案件應該如何翻譯才妥適呢？筆者的建議如下：

「你現在被執法機關逮捕了，依我國法律的規定，你有權要求法院的法官對於這個逮捕來做審查是否合法，而這個規定叫提審法『Habeas Corpus Act』，你現在清楚你的權利了嗎？你要不要見法官來審查一下你的案子呢？」

若以這種方式來傳譯提審法 Habeas Corpus 的實質內容，大概很少人說他聽不懂的。

　　另外，我也觀察到有部分的譯者並沒有完全知悉法律的基本概念，就以自己知道的或是接觸的內容，照著傳譯給對象聽，如此一來更是有損雙方當事人的權益，而最常見的就是筆者上述舉的這個例子刑事訴訟法第 95 條（被告的訊問）之罪名與三項權利的告知，經常有人拿美國的法律中之 Miranda code 來背頌給當事人聽，雖說這二種法律的精神是相通的，但實質的內容完全不一致，法律效果也不盡然相同，筆者在此引用該法律的全文給讀者比對，大家就可以明白筆者所強調法律效果不同的原因。

　　美國的法律中之 Miranda code：

You have the right to remain silent. Anything you say can and will be used against you in a court of law. You have the right to talk to a lawyer and have him present while you are questioned. If you cannot afford to hire a lawyer, one will be appointed to represent you before questioning, if you wish one.

　　雖然它的精神同樣是要告知被逮捕的罪名與在訊問過程中應有的權利，但還是有諸多不同之處，比如：

　　1、我國法律是告訴你有行使緘默權的權利，但也可以不行使之

　　2、我國法律並沒有說請不起律師，我們將免費為你提供一位律師，只有符合資格者才可以由法律扶助基金會指派免費的律師，更何況我國刑事訴訟體制是偵查過程不公開原則，在偵查的初階段，如果偵查單位覺得有必要的話，律師還是不能在場的。

　　3、我國法律並沒有說你所說的每一句話都將作為對你不利的呈堂證

供，我們是說可以請求調查對你有利的證據，不是叫你都不要說話。

在比較了上面這幾點之後，讀者大概就可知道，不經思索而浮濫引用原文的無知，是如何傷害當事人的權益及政府的法尊嚴了，請讀者們在學習過程中千萬謹慎為之。

話題再拉回本節討論的主題上（刑事訴訟法第 95 條之三項權利知），在法律效果上，讀者們可以從這二段問話的內容去判斷在法律效果是相同的，但很明顯的若是依據現在法界仍然堅持且實用的「等值理論」或「對等理論」中，把法律用字之對源詞的直接對等轉換的概念，恐怕筆者以上的說法是行不通的，也無法令這些擁護對等論的原理之法曹所接受，理由是因為這已直接違反了刑事訴訟法中的「絕無匿、飾、增、減」的大原則了。

以上說明在此的強調，筆者為何認為目的論（Skopos theory）的原則是比對等理論的原理更適用在司法通譯的場域，接下來我們再來談談現今法界學者如何論述法律上的通譯問題。

我國學者對法律上的通譯問題論述與解讀

我國近期有學者朱定初在其相關的論述中，對法律上翻譯的問題有深入的描述，他說道：「語言學者將法律語言歸類為特定目的語言（Language for special purpose），而法律上的翻譯者所面對的挑戰不僅是語際的轉換，更包括不同法律制度下法律思想的觀念傳遞和溝通，亦即其翻譯者所必須面對的是在不同法律制度所產生的法律效果[11]。」在

該文章研究範圍中曾提到：「本文之研究乃著重於涉外刑事案件通譯的層面」，而有需語言傳譯案件所產生的問題，其核心也正就是朱氏所闡明之「法律上的通譯問題」。

筆者認為，朱氏論述之重點為「法律翻譯雙重功能對等原則」，其原則中有二大重點，一為語言傳達功能之對等，一為法律功能之對等，筆者認為，在這其中又以後者法律功能之對等實踐部分為現行涉外司法案件通譯原則的精髓所在之一，也是現在法界仍較堅持且貫用的「等值理論」或「對等理論」之原則。

筆者更進一步闡釋涉外案件傳譯的特性認為，譯者在涉外案件所轉譯的文件，在進入司法程序時，會發生法律上的效果，而譯者對於法律對源詞的正確理解或使用原詞對等或接近的專門術語之轉譯能力，更對於傳譯的內容是否精準並且正確無訛，影響深遠。因此，要落實保障外國人或是語言不通者相關基本權，就必須正視涉外案件傳譯過程中，傳譯行為在法律上所產生的各種面向加以深入的研究。

但一般而言我們在紙上談兵論述一些原理，都是假設我們所論述的事務，都是在一種理想的環境中發展，例如要求文字與詞彙、文體、句法的對等與對源詞的正確引用等等。筆者在此特別強調，譯者如果一味的追求

■ 註[11]
朱定初，《談法律專門術語翻譯之雙重功能對等原則》（Dual Function Equivalence in Translation of Legal Terms）國立編譯館館刊，30 卷 1 期，民 93.03，頁 60-66。

自己所傳譯的內容是否有法律上的等值與對等，並且符合法律上的要件與理論的原則，但卻沒有忽略了被傳譯對象的生理狀況、對法律的理解程度及對於傳譯者使用語言的認知程度等等外在條件，那麼筆者認為這種傳譯的方式徒具形式，僅符合學術上的研究而己，在學習的領域中，這些是可以被量化與評量的內容，雖也符合了各項理論與法律的形式上的要求，但在實務的案件中，卻是毫無用處，並且違反了各項國際公約對於語言不通者的人權之基本要求與保護之精神。

筆者在此想表達的重點是，筆者在此並非認為上述這些論述毫無用處，而是更進一步的認為這些原理及原則，必須是以當事人為主體，先考量當事人的這項變數，再加以運用這些原則傳譯方有實際的助益。

換而言之，筆者在本文之中一再特別強調及修正這些古典傳譯的程序與做法，同時提醒讀者們，法律功能之對等之實踐，必須先考量語言不通之當事人是否有相同的理解能力接受，一切才會有實質的意義。如果我們一味的把我們法律人的專業，假設當事人都理解這背後複雜的法律概念與邏輯，似乎是有些閉門造車的法匠意味，在司法通譯實務工作上是毫無用處。

基於這個因素，筆者建議實際在法律上的通譯方式，應修正為「先參考當事人的理解程度與當事人的各項情況為基礎，同時以法律語詞內涵傳達功能之對等為基礎，選擇適當的傳譯方式」，如此一來，方符合實務上的做法與各項國際法規與國內法中對於語言不通者的人權保護的實質意涵，而這也和筆者在本文之中一直推崇應以目的論的原則，結合實務工作

不謀而合並互相呼應。

有關對於語言不通的當事人在案件過程中「知」的權益相關規定

　　關於此，筆者就「法律上的通譯問題」中，特別再次強調，為何目的論所提及的原則應用在涉外或是語言不通者之司法傳譯工作上，是遠遠比功能對等原則來的重要呢？這一切筆者必須從基本人權說起。

　　對於一個涉外或是語言不通者之案件來說，對案件「知」的權益，才是各國際公約要保護的實質內涵，「知」對於語言不通的當事人，就是一個最基本的人權，如果一個人在案件發生的過程，他可能失去了自由、生命或是自由及財產，但他在法律的過程中，就連可能失去了這些都不知道，那他還有什麼人權可言呢？

　　有關於涉外案件的當事人「知」的權益這點，在《公民與政治權利國際公約》中所己有詳盡規範，例如第 2 條第 1 項：「每個國家的政黨基於本公約須尊重與確保每個人，並在其本國領土內與服從司法的條件下，承認本公約的權利，不得因任何因素有所差別，包括種族、膚色、性別、語言、宗教、政治或是其他主張、民族或社會出身、財富、出身、或是其他地位。」第 14 條第 3 項：「任何犯罪指控的判決，任何人都必須賦予下列最低限度的保證，並有充分的平等，第 1 款：用他能瞭解的語言，立即並詳盡的告知他所被指控的罪名……第 6 款：如他不懂或不會說法庭上所用的語言，能免費獲得譯員的援助。」這些條文的鋪陳與設定，一切都是在保護一個語言不通的人在司法過程中「知」的權益。

這些規定規範了「知」的權益，是所有法律程序必須去考量的第一個要件，因此，語言的傳譯就必須以讓這個語言不通的當事人有「知」的方向為出發點去發展，而不是一味的要求法律上的「對等」或是「等值」，基於這個邏輯，筆者認為，譯者在服務司法通譯案件時所使用的傳譯方式，確實應該調整成基於法律上的對等為傳喚為原則，並以目的論所提及的策略調整為傳譯方式，再做適當的傳譯選擇，以達成傳譯的目的。

與司法通譯有關的問題

基本語言能力問題

在實際的涉外案件發生時，執法者往往為了盡快將案件處理完畢，而忽略了譯者本身是否有足夠能力來進行傳譯，導致在通譯的過程中，損害了涉案兩造的相關法益。在實務上，警政署曾對通令各所屬機關建立通譯人名冊，以應緊急狀況或涉外案件的場合時通譯之需要。這些通譯人，幾乎都是外事警察單位自行建立之「適合人選」，所謂適合之人選，是指渠能操母語及國語的雙語人才，但是卻沒有一個鑑定這些通譯能力的標準，如此一來，渠等通譯的結果，不免遭涉案當事人的質疑，在另一方面來說，更有損我國維護國際人權的形象。

在學界，亦有許多學者對這方面提出了許多見解，如學者楊承淑在翻譯學研究集刊曾發表了一篇文章〈口譯「專業考試」的評鑑意義與功能〉，楊氏在文章中指出，對於新進口譯員的評鑑標準，側重在口譯者技術性方面的能力，而這些能力包括語言、知識及技巧等三方面，不允許其中任

一環節的缺失，以免造成實務工作上的窒礙難行[12]。另外學者廖柏森亦提到，翻譯證照制度的重要，他說，證照制度的建立乃建立一個篩選認證的機制，一方面汰劣擇優、肯定翻譯人才，提高專業自信和社會形象，另一方面也提供業者遴選翻譯人的參考。廖氏更進一步說明，口譯證照是以商務、法務及會議口譯為主，而證照考試的方式得採筆試、口試、實作或審查經歷證件等方式[13]。

　　以上學者對通譯「口譯」者能力的評鑑方式、內容及標準都提出了精湛的批判與詮釋。另外楊氏在建立國家翻譯人才評鑑標準之研究中更提到：「翻譯評鑑制度的建置，通常與國家社會的國際化或多語程度有關，例如，澳洲由於移民政策而設置了常設的口筆譯認證機構 NAATI；對岸的中國則因國際化的需求，在上海開始實施口譯資格證書的證照制度。臺灣在加入世界貿易組織之後，全球化的腳步日益加速，這樣的背景下、造成商務、法務、物流之交流，當我們需要凸顯自己的特色或維護自身權益之際，唯有透過專業的翻譯人員達到完整細膩的溝通，才能與對方公平地交手，並跨越彼此認知的鴻溝與解除溝通的障礙，可是假使未能建立具體可行的評鑑制度，我們永遠不會知道哪些人擁有翻譯方面的專業能力，為

■ 註[12]
楊承淑，《翻譯學研究集刊》〈口譯「專業考試」的評鑑意義與功能〉，1998，3 期，頁 155。
■ 註[13]
廖柏森，《技術及職業教育雙月刊》79 期，〈翻譯證照制度初探〉，民93.2.25，頁 13-15。

了尋找適任的譯者,大家得虛擲無謂的心力與時間,為此耗費龐大的社會成本,所得的結果更可能仍然未臻理想。」[14]

以上學者針對通譯能力的鑑定問題,提出了許多的務實看法,並一一道出我國現行通譯鑑定制度尚未建立的窘境。

而實際上各部門對於司法通譯人員的能力鑑別問題,並未提出統一的對策,有的單位在自行邀請通譯時,會先諮詢通譯人有無相關的證照,但對於這些持有證照者的真實能力,則在所不問,如此一來,似有似無的情況,對於通譯人的能力認證問題,官方至今仍然沒有統一的解決辦法。

就筆者的觀察,現今司法通譯的制度中,有關培訓一個通譯人員大都要求請來受訓上課,少有培訓單位針對語言能力做考核檢測,也曾有學員反應曾經看過法院的特約同意語言表達能力不足的現象,筆者曾多次在相關的會議上反應,近來稍有改善,法院與地檢署已開始在招募的過程先簡單的測驗語言能力或是檢查其相關能力證件,如:學歷及考試合格證明等等。但這當中還是有許多不確定的可能,若要改善這一些現象,應該還是要從建立司法口譯專屬的考核制度做起。筆者推行良善的司法通譯制度理念近 10 餘年,並且利用各種機會在全國各地教授實務的司法通譯原理與實務發現,課後的評量效果有限,亦無法實測出譯者是否能精準無訛的傳

■ 註[14]
楊承淑、張幼珠《國立編譯館委託研究計畫期末報告書》(建立國家翻譯人才評鑑標準之研究)〈A Study on the Establishment of National Assessment Criteria of Translator and Interpreter〉2003.10.30、頁 9。93.2.25,頁 13-15。

譯出每一個句子，因此嘗試以個人之經驗與對司法通譯之概念，設計出一套測量的方式，其中是以語言能力為基礎，以司法通譯基本概念、實務操作與口譯技巧等三個方向為主軸，實際測量每一個實際從事司法通譯的協會會員之能力。筆者曾於 2016 年在臺北、臺中與桃園等社區大學中對於前來上課的會員實施測量結果發現，這個測量方式確實可以有效的評量出上過課的學員對於司法通譯的整體概念，並且可將渠等能力分級。這個方法對於建立一個客觀評量的指標，影響深遠，筆者也希望藉由建立這一個指標，確立我國司法通譯人員能力分級的指標，並同時吸引各界繼續為這個領域關注並投入更多的研究。

法律上的通譯問題

所謂司法通譯，就是會涉及到二種法律上用詞的語言轉換問題，而再進一步闡釋，就司法通譯傳譯的過程來說，法律用語的傳譯問題，又涉及到兩種不同語言的轉換問題以及兩種不同社會背景中所產生的法律思維及觀念之傳，所以從事司法通譯工作的譯者，一定要注意到下列司法通譯的特殊性質。

1、語際的轉換

在司法案件的傳譯過程中，語際的轉換部分首先應注意的是其所傳譯的特定法律用詞用語是否正確的詮釋，關於這點，上述章節中曾提到，我國學者朱定初在其相關的論述中曾在他的文章中說到：「語言學者將法律語言歸類為『特定目的語言』（Language for special purpose），而法

律上的翻譯者所面對的挑戰不僅是語際的轉換，更包括不同法律制度下法律思想的觀念傳遞和溝通，亦即其譯者所必須面對的是在不同法律制度所產生的法律效果。」[15]。他所論述之「法律翻譯雙重功能對等原則」，其中有二大重點之一即為語言傳達功能之對等，一為法律功能之對等。用白話來解釋就是說，被通譯的對象是否能夠理解譯者所傳譯的法律用詞，亦就是「語際轉換」為問題的重心。

2、不同法律制度下法律思想觀念的傳遞和溝通

在世界上所有的國家其所構成法律的體系，大致上來說，可分為海洋法系國家及大陸法系國家，而以大陸法系的法律來說[16]，它的特點是所有的法條都是成文法，對人民的權力及義務皆以法典的型式來做成，而海洋法系的國家[17]法律則不然，它大都以判例為主，法條為例外。

這兩個法系制度的法律形式、司法制度、法院組織訴訟程序等等觀念，差異頗為懸殊而甚有南轅北轍之處。所以，有時雖然是一件簡單的法律名詞或是一個程序問題而已，往往通譯人在無法理解不同法律制度下的法律思想觀念的情況下，就無法正確的傳譯當事人所想要表達的意思，而如此一來，白白耗費了許多寶貴的時間及社會資源，更造成相關當事人對彼此的不信任與懷疑。

■ 註 [15]
同註 8。
■ 註 [16]
包括我國、日本、德國、法國等國家，都是大陸法系的國家。

3、要注意當事人對傳譯語詞的理解力

法律上的傳譯，除了要注意語際上的轉換與不同法律體制上語詞的轉譯之外，最重要的還是要視當事人對於譯者所使用的語詞是否能夠理解。而在這裡筆者所要闡明的就是譯者必須視傳譯的對象的各種條件，適時的做傳譯策略的調整。

在傳譯的過程中，特別是司法通譯案件的特殊性質，語言不通的當事人不只是在教育程度與知識等背景條件會影響對於譯者所傳譯的語詞理解力，案件發生的當下，渠可能受到驚嚇或是正處於恐懼的情境中，經常無法如正常情況之下可以正確的理解譯者所轉譯的語詞。因此譯者必須要有自己的傳譯策略，以因應這種經常突發的情況。而這裡所指的策略，就是指對於同一句語詞，應至少準備有多種（2 至 3 套）不同的版本，以應付當事人理解力突發的狀況，而這在口譯技巧上來說，就是「換句話說」的能力。

舉例來說，承辦人的問句是：「你於何時入境我國？」

而譯者就這個問句，就必須視當事人對於所指稱的事物之理解程度有下例的類似的版本如：

你於何時來臺灣？

你是在幾年幾月幾日，以什麼方式來我們國家？

■ 註[17]
英國、美國等國家則為海洋法系國家的代表。

你在什麼時候來中華民國的？

這在個問句上，譯者對於「何時」，就可能以「幾年幾月幾日」及「什麼時候來」做表達，另外「入境我國」又可能視狀況以「來臺灣」，「來中華民國」等等方式表達，完全沒有一定的格式，端看那一組語詞當事人比較能夠接受或是完全理解。

何謂司法通譯的「專業」

接下來我們要討論司法通譯人的「專業」能力究竟為何，也就是要成為一個專業的司法通譯人員，應具備有什麼樣的條件，才算是稱為「專業」呢？筆者個人在從事司法通譯制度工作與研究的多年心得認為，一個專業的司法通譯人員，應至少具備有「正確與精準」及「嚴格遵守倫理規範」等二大要件，方是一個稱職及專業的「司法通譯」人。

1、正確與精準

司法通譯中所謂的正確與精準，應包括對該案件所使用的法律上的「對源詞」（source term）的能力及對法律制度正確理解，也就是能夠使用白話文解釋該對源詞或專業術語的能力，就如同上節中所敘述法律上通譯的問題有語際的轉換及不同法律制度下法律思想的觀念傳遞和溝通等二大特點，而如何正確無訛的將這兩二特性融會貫通，進而傳譯給當事人，正是司法通譯人員所須具備的「專業」條件之一。

（1）對於法律上對源詞（source term）及法律制度正確理解

舉例來說，大家經常遇到的違反《就業服務法》案件，筆者想請讀者

思考，譯者所傳譯的對象的國家，有沒有如同《就業服務法》這種法律？如果沒有，或不知道什麼是《就業服務法》，那麼你又如何將「你已違反《就業服務法》」這句話的涵義，正確無訛的傳譯給當事人呢？

再例如我們經常會遇到的《家庭暴力防制法》案件，假如你對其中「保護令」這個法律名詞，是什麼意思，有何做用，如何申請，它的保護效果、期限、及違反保護令規定者必須要負的法律責任等等問題，不完全理解，你如何向被害人（或加害人）傳譯呢？

因此，對於經常會使用或是接觸的相關法律及其程序與制度，要經常不斷的去理解與熟悉，而最好的時機，就是參加公部門所舉辦的各種法律訓練講習及宣導活動，才能夠稱得上是一個「專業」的司法通譯之譯者。

（２）具備使用原詞對等或接近的專門術語之能力

法律上的專業術語及原詞，對沒有學過法律的人或是當事者來說，通常是非常抽象的一個名詞，而在這種情況之下，如果要「直接」將此法律專業用詞一字不差的傳譯給當事人，恐怕對方是有聽沒有懂。

所以在通譯的過程中，具備使用「對等」或「詞意接近」的能力，更是專業司法通譯人員所需具備的一項重要能力，換句話說，譯者在進行傳譯的過程，除了對該傳譯的「法律專業名詞」有深刻的理解之外，更必須以「對等」或「詞意接近」的語意或是「換句話說」的方式來傳譯，方得稱為「專業」的通譯人員。

（３）正確無訛的傳譯與適時調整傳譯策略

一個專業的司法通譯人員，除了對法律專業的用詞、用語要有正確的

理解之外，並且要能夠以「對等」或「詞意接近」的語意或是「換句話說」的方式來傳譯，另外對於發問者（或被詢問人）所做的一切陳述及句子前後的意思，也一定要做完整的轉譯，方能避免在將來法律的程序進行中，影響雙方當事人的權益。而前面所提「正確的」傳譯法律專業名詞的意義及使用「對等」或「詞意接近」的語意來傳譯等等作為，不過只是精準度的要求而已，而能夠完整的轉譯相關當事人的語彙及原意，更是一個專業的司法通譯人的基本要求。例如譯者雖然將所有的專業名詞都搞清楚了，但是卻在重要的對話過程之中，節略了加害人或是被害人的說詞，進而造成雙方的權益的侵害，最後進而造成無法挽回的遺憾，是從事司法通譯的譯者應極力避免的。

在另一方面，譯者亦須具備多種的傳譯策略，視當事人的背景條件與身心狀況等等，適時的做傳譯策略的調整，以維護當事人對於訴訟過程中「知」的基本權益，如此一來，方稱得上是一個專業的司法通譯。

2、嚴格遵守倫理規範

通譯的目的是為了要傳譯雙方的對話及語言，但除了傳譯內容的精度需要符合一定的水準之外，在此認為，在案件的過程中，譯者本身所扮演的角色是否能讓被傳譯的雙方都能信任，遠比是否傳譯的內容是否正確更來的重要。

許多公部門使用通譯時，往往因為與某些通譯較熟悉、比較容易找到人、或是其他種種因素，在一接到案件時，就不假思索的立即「召喚」他們所熟悉的通譯前來傳譯，而往往忽略了該案件對於通譯者來說，是否有

不適當的可能性。如此一來，不但會造成被傳譯的對象對案情有所顧忌或隱瞞外，對使用單位本身來說，為求發見事情真相的初衷，更會大打折扣。另外通譯人本身若是遇到不適合去通譯的案子，卻因為人情世故的壓力，勉強接下案子擔任傳譯，良心也會忐忑不安，或者是因為不好意思而處在尷尬的進退兩難之處境中。

據筆者從事司法通譯工作多年的經驗瞭解，有大部分的案例，並非使用單位輕忽或是怠慢，而是通譯人在當下並沒有將這些情況告知使用單位，或是通譯人並不知道要將他們的尷尬的處境告知使用單位，所以造成當事人的猜忌及不信任。以較嚴格的標準來剖析檢驗這種狀況，甚至還可能造成通譯的無效或是衍生出其他的法律問題。因此通譯人員必須要有一個合於法、理、情的倫理道理來規範通譯時的行為，避免通譯的過程中所可能產生的各種問題。

我國現行的司法通譯環境之中，各公部門（除高等法院與檢察署有訂定法院通譯倫理規範之外）現行各個使用司法通譯的單位，並沒有訂定所謂的通譯倫理規範，另外筆者也觀察到現在有一些縣市警察局也開始注意到這個問題，並己著手訂定一些通譯的使用原則或是規定。但觀察這些規定，似乎在實際上並不十分的完整或是缺乏強制性，這些對於譯者在從事傳譯的過程當中，更是單方面對於譯者十分要求，而這也是造成通譯者、被通譯人及使用者三方在通譯過程中，時常出現混亂現象的主因。鑑於此，依據個人從事通譯工作領域 20 餘年的實務工作經驗，試圖對於譯者從事司法通譯應有的倫理規範原則，做一套較為有系統且簡單的完整描

述，希望提供譯者或使用機關一個參考的準則及依據，茲敘述如下：

（1）迴避原則

迴避（Recusal）[18]，是一個較為專業的法律名詞，在法律的邏輯上與它相彷的同義字又稱之為「利益衝突」（Conflicts of Interest）。就法律面上的邏輯思考而言，有「利益衝突」，當然就必須要「迴避」，尤其是應用在司法案件的審理進行，相關的當事人對案件本身而言，有利益衝突者，理所當然要迴避涉入進行中的案件，如此方能建構一個客觀、理性及公正的通譯環境，進而保障所有當事人的權益。

在我國，譯者在法律上的定位，亦為重要的關係人地位之一[19]，負有相對的刑事責任。另外在刑事案件的審判進行時，《刑事訴訟法》第三章「法院職員之迴避」中，亦將譯者應迴避的情況，比照法院的法官（原文又稱為推事）應迴避的情況，清楚的列舉出來（法定迴避）[20]。惟一般涉外案件會進入真正的司法程序（偵察、起訴、審判及執行），一年不到全國案件發生量的萬分之一。更鮮少有案件是以《刑事訴訟法》之迴避條件來規範通譯是否要迴避。

但從這個數據來觀察並反推，那麼其他訴訟流程中所發生的涉外案件，譯者都不需要迴避嗎？這個問題的答案當然是否定的，因為這些涉外案件在將來，都極有可能會進入實質的司法審理程序，在偵查的初階段，若通譯人或使用通譯人的單位，忽略了「迴避」的程序問題時，可顯見的是該涉外案件在未來司法程序的進行時，將會耗費更多的社會及司法成本，來修補這一個錯誤及漏洞，甚至還可能會造成雙方當事人權益上的重

■ 註[18]

迴避（Recusal）這個字是一個法律專有名詞，比較難以用一句話就可以形容完整，但在下面的兩段英文解釋中，就解釋得比較完整：

Recusal, also referred to as disqualification, refers to the act of abstaining from participation in an official action such as a legal proceeding due to a conflict of interest of the presiding court official or administrative officer. Applicable statutes or canons of ethics may provide standards for recusal in a given proceeding or matter. Providing that the judge or presiding offer must be free from disabling conflicts of interest makes the fairness of the proceedings less likely to be questioned.

In the United States, the term "recusal" is used most often with respect to court proceedings. Two sections of title 28 of the United States Code (the Judicial Code) providing standards for judicial disqualification or recusal. Section 455, captioned "Disqualification of justice, judge, or magistrate judge," provides that a federal judge "shall disqualify himself in any proceeding in which his impartiality might reasonably be questioned." The same section also provides that a judge is disqualified "where he has a personal bias or prejudice concerning a party, or personal knowledge of disputed evidentiary facts concerning the proceeding"; when the judge has previously served as a lawyer or witness concerning the same case or has expressed an opinion concerning its outcome; or when the judge or a member of his or her immediate family has a financial interest in the outcome of the proceeding.

本文引註自〈http://encyclopedia.thefreedictionary.com/recuse〉

■ 註[19]

中華民國刑法第 168 條規定：「於執行審判職務之公署審判時或於檢察官偵查時，證人、鑑定人、通譯於案情有重要關係之事項，供前或供後具結，而為虛偽陳述者，處七年以下有期徒刑」足證明通譯人在刑事案件中，亦被規範為當事人之一的地位。

■ 註[20]

刑事訴訟法第 17 條規定：「推事於該管案件有左列情形之一者，應自行迴避，不得執行職務：一、推事為被害人者。二、推事現為或曾為被告或被害人之配偶、八親等內之血親、五親等內之姻親或家長、家屬者。三、推事與被告或被害人訂有婚約者。四、推事現為或曾為被告或被害人之法定代理人者……六、推事曾為告訴人、告發人、證人或鑑定人者。」

刑事訴訟法第 25 條：本章關於推事迴避之規定，於法院書記官及通譯準用之。

大損失。

我國的《刑事訴訟法》所規範的應「迴避」的狀況，大致上是以案件當事人與本身有親屬或是法律上利害關係的身分下，設定「法定」上應迴避的條件。另外觀察到司法院也對於迴避規定及說明做了一個官方的說明，這份文件是一個概略原則的說明，其中對於法定的自行迴避與當事人聲請迴避二種狀況做概略原則的說明，各種語言雙語的文件在本書附錄之中僅供讀者參考。那麼，接下來的問題又來了，除了上述法定條件下之外，通譯人在何種狀況之下，是需要「主動」迴避的呢？在法律上僅有概茲綜合歸納以下幾種狀況，建議通譯人及使用通譯的機關必須主動採取迴避及拒絕：

①、發現被通譯對象（或承辦人）與譯者本人係具有法定迴避事由之外之親屬關係或朋友關係，或是其他關係（如曾在同一教會、同一協會等等關係）。

②、發現與被通譯對象的身分與譯者在職業上，係有往來或是有往來的可能，或是有牽連關係者（例如通譯人現職是外勞的仲介，所通譯的對象卻是自家或是別家的外勞）之同行關係。

③、發現與被通譯對象在原母國是住在同一鄉、同一村等地緣關係或是其家屬可能有來往或是熟識，將來會造成尷尬與困擾情況者。

④、發現與被通譯人所使用的母語可能和自己所悉知使用的母國語言差異甚大時。（主動拒絕原因）

⑤、其他譯者知悉應主動迴避或拒絕之情況。

上述這些條件，都是通譯人在與被通譯人的溝通後或是從使用單位承辦人口中得知的訊息，當然除了通譯人本身主動反應之外，並沒有人會明白有這個狀況，因此，通譯人之自律迴避與拒絕，就顯得非常的重要與適切了。

另外，通譯人也應清楚的知道，上述這些條件，不單單只是確保將來可能的司法程序之有效進行，或是保障相關當事人的權益而已，對於譯者本身來說，嚴守這些規範，更是能夠保護自己的人身安全。

（2）保密原則

保密原則，是任何一種職業工作者應有的基本常識與道德作為，通譯人在通譯的過程中，對於可能會知悉相關當事人的私密及公部門的保密作為等等，均不應向第三人透露，或將這些事和別人再做討論或是告訴別人，因為如此一來，不但是一種不道德的行為，在法律上，更有可能要負擔刑事上的責任。

（3）不主動原則

通譯人最好不要自告奮勇的「招攬」通譯案件，這個主因乃是顧及他人與社會的感受。因為係屬案件如果是由某人突然跳出來向大家說，「我來通譯」，那麼，案件的承辦人、被通譯人、當事人、或是當事人在場的親戚朋友，都會認為這個通譯人的立場是有問題的，如此一來，原本協助的好意也會被社會大眾所誤解並且大打折扣。

再者，司法通譯的譯者若是已隸屬於某個通譯訓練機構，如果案件沒有讓這個通譯訓練機構來做篩選指派的動作，而是通譯人「私下」接受委

任做案件通譯，那麼如此一來，這個通譯訓練機構的管理與通譯人的工作紀律更是大有問題，更可能造成雙方的互信基礎上將造成重大的影響，更遑論要如何做好通譯工作。

司法通譯之譯者應獨立公正並且完全不可隸屬於訴訟體係之中的概念

近代我國刑事訴訟法係以當事人進行主義的概念實施刑事犯罪的追訴，而在這當中除了法官之外，所謂實施訴訟的公務員，更應該包括司法警察、司法警察官及準司法警察（官）、檢察事務官、檢察官等等，而這些公務員及他們所隸屬的單位，包括司法警政機關、準司法警察機關、各級的地方法院檢察署及各級地方法院等單位，依此而推論也都是實施刑事訴訟的政府機關。

另依據現行的刑事訴訟法中的規定，地方法院檢察署的檢察官在刑事訴訟的過程，和其他當事人（被告）一樣都是居於當事人的角色，負有犯罪證據舉證的責任，而另一當事人就其被訴有罪的部分則是可以防禦。如此一方攻擊，一方防禦，這就是現今在訴訟的過程所謂的武器公平原則，各自雙方都被法律賦予有刑事訴訟的法權益行為。而在這個刑事訴訟過程中，其最重要的原則，就是當事人訴訟武器的公平。檢察官為訴訟程序的主體之一，亦為當事人之一，他代表國家的公權力，對涉嫌的犯罪行為實施偵查、並對足有事實構成有犯罪的事實部分予以起訴。國家以法律授予了他充分的武器可以對任何的犯罪行為在刑事的訴訟過程中去做攻擊的動作，以確保所有的犯罪能夠被追訴。另一方面，為了加強國家對犯罪事件

追訴的能力，再將司法警察權的指揮調度權限歸屬於檢察體系，使在其職權範圍內，可以對於所有的犯罪行為得到追訴，以確保社會的秩序及平和。故在我國的《調度司法警察條例》及其子法〈檢察官與司法警察機關執行職務聯繫辦法〉之規定，（準）司法警察機關及（準）司法警察人員，在刑事偵查的角色上，有著濃厚的隸屬色彩，並有上對下的指揮，及下對上的服從關係，因此任何隸屬於這些機關及這些機關人員所特約的司法通譯人，在刑事訴訟的追訴過程中，根本很難被另一造當事人（被告一方）所信服其有何公正性可言，再加上現行司法通譯並沒有對這些司法通譯人做其背景、身分的確定及實質管理，更鮮少承辦人對於個案是否應迴避的條件部分做確實的釐清，對於各種有需要語言通譯的案件，相關當事人知的權益，及對法律制度的信任，早已被這行之已久的簡陋便宜行政制度戕害已久，甚至根本上早已產生不信任的危機。但這些陋習，各司法行政部卻不見其有做實際的改善，故司法通譯人對於這種隸屬關係應該要謹慎的避免，莫因自己的無知，而成為傷害當事人權益的幫兇，因此，司法通譯人在國家整個訴訟的獨立性不但是非常重要的議題，更是司法通譯人要具備的基礎倫理認知。

關於這點，筆者今（2017）年前往立法院參加一個有關難民法制定公聽會的場合中，很榮幸有機會與 Mackey Allan Robert 法官（紐西蘭移民保護法庭法官）同坐並與他交換司法通譯在角色獨立面向的心得與想法，印證了筆者這個理念果然是普世皆通。他與我談到了在傳譯的過程中，譯者應該屬獨立且公正的第三方是天經地義的事（by nature），在

他的法庭中，他也非常注意這些細節。只不過他並不清楚，在臺灣實務的操作上，是不是可以達到這個要求。

筆者聽 Mackey Allan Robert 法官如此回應這一個問題，心中不免掀起一陣漣漪，一則以喜一則以悲，喜的是心中的想法與理念，在他老人家口中獲得印證，悲的是我們國家的執法者至今對於譯者角色應獨立的這個概念，仍然是停留在單純的語言協助者而已。

我國司法通譯制度的現狀與困境

我國政府相關單位對於司法通譯的努力與司法通譯的現況————

我國政府相關部門與主管機關對於司法通譯工作的努力，目前觀察已有各級法院及地檢署有做司法通譯人才的招募及培養，另外有些縣市的外事警察單位也有單獨對轄內的新住民培訓通譯的作為。雖其對於司法通譯者之行為也有原則性的規範，但這些作為，乃師承於臨近我國的日本政府機關對於解決語言通譯問題的制度而來（列冊備用），忽略了司法通譯制度中最重要的司法通譯人員的實質管理部分。依筆者對於在這些機關的實際管理人及在其內從事司法通譯工作者的觀察瞭解，這是一個不能說而且大家都知道的祕密，司法機關對於培訓後的通譯人員的確沒有辦法做到所謂主動的「實質」管理，僅能勉強的要求所招募的通譯人配合執法人員以符合某種形式上的「程序」以及「資格」。在另一方面來說，更忽略了司法通譯問題的特質，這些通譯人的角色在司法訴訟的邏輯上來說，根本就不應隸屬於訴訟當事人的任一方。而這個邏輯若是成立，那現今這些機關建立及培訓屬於自己機關的通譯人才是何做用呢，這個問題恐怕只有問他們自己才能知道了 [21]。

在另一方面來看，其他如司法警察機關及準司法警察機關、社福機關（少數單位有編列預算）、勞政等使用司法通譯的單位，對於司法通譯的準備甚少，或者是根本就沒有去想到這個問題。有大部分的單位是連基本的預算都不曾編列，遇到案件統一以勞委會（現勞動部）的補助款及每案500元的超低報酬水準來應付這些通譯人，對於相關的準備工作如人員的培訓，單位執法人員內部的教育訓練，相關案件的標準程序的重新訂定等皆無作為。目前觀察僅有移民署有從事通譯人才的招募及培訓，但對於「司法通譯」皆避而不談，僅做原則性的規範，原因是政府機構根本沒有能力去做「司法通譯」人員的管理，目前，僅能以招募、培訓為主，但之後通譯人員的管理、派用等作為更皆付之闕如。

■ 註[21]

法院在法律訴訟的過程中，規定譯者是屬於公正的第三者之角色，因此在這個法律邏輯下，它把所有的通譯人才都找來當自己機關內的特約通譯人員，在法的角度上來看似乎是理所當然，無可論斷。但實際上大部份的法院把這些人招募來，加以數天、幾個小時的培訓後，就列冊備用並公開這些人的名單，並供他機關來臨聘，尚無實際有效的管理。換言之，目前司法院與法務部對於司法通譯工作的努力，僅只於象徵性的招募與培訓。在這個制度中，它僅有業務承辦人，並沒有專責管理人員負責實際案件過濾及合適人員的派遣工作。遇有案件需求時，皆是由各承審法官之助理、書記官依名冊挑選並連絡通譯人，並不會就該通譯人是否合適的角度來做篩選。如此一來，通譯人的背景是不是合適擔任在案件的傳譯工作，並不是重點，而重要的是名單上的這些人，他有沒有空幫忙才是重點。另外一方面來說，地檢署在法律訴訟的程序中，係代表國家公權力實施公訴及起訴的一方，亦是屬於案件的當事人之一的角色，在法律的邏輯上，武器公平的原則，當事人的角色是更不適合以國家的公權力之優勢來使用隸屬於自己的通譯人員來協助進行案件的偵查及起訴。

司法通譯人的窘境

依據監察院的調查報告結果顯示,現行我國政府對於司法通譯的整備及應用,均以訓練及列冊備用為目的,以司法院為例,各級法院每年亦有特約通譯人員的培訓課程,在課程結束之後,即將這些通譯人列冊備用。另有移民署每年也對於婚姻移民者或其他新住民從事通譯工作做培訓,並且設有通譯人才資料庫,可供外界有通譯需求者的媒介平台,只可惜這個培訓重頭到尾並未強調它是用來作為「司法通譯」之用,僅供各有需求的政府單位自行視需求來「取用」。

筆者感覺在現行司法通譯整體環境中,譯者是一個不被重視的角色,包括司法通譯專業的培訓、出勤接案與管理都付之闕如的整體環境之中,譯者只能被動的配合政府的想法與政策去適應各種的挑戰。但若以受過各種專業訓練的譯者而言,現今這些司法通譯的各項條件,確實造成專業譯者不願意主動的投入這個市場來服務的因素,而這也更是現今司法通譯的制度一直無法改善的原因之一。在這個制度之中從事通譯服務的譯者雖多所怨言,一直不斷的向有關單位反應,但卻不見明顯的改善,加上司法通譯的環境是在一個較為保守的執法單位與審判機關之中,又讓制度的改革增加了許多的困難,造成有能力有意願的譯者不得其門而入,而在這當中服務的譯者也缺乏各項的資源與支持,無法有效的改善語言不通者的人權。這不僅是在這環境之中所有譯者之窘境與無奈,更是筆者一直以來想建立一個良善的司法通譯制度的原因。

司法通譯實務應用概說

涉外案件傳譯為何用「通譯」一詞 ——————————

通譯（Interpret），在學術界及其他場合又稱口譯，它與翻譯（translate）是一組同義詞，兩者在中文的意思相仿，但如果再從其英文字義及實務操作的詮釋來看，其性質實為不同。

通譯者，乃將所接觸的客體（語言、景物、現象）用語言的方式立即轉換或表達給第三者知悉；而翻譯，乃是將文字用另外一種語言來詮釋，這兩者間最大的不同，是通譯是以人為對象，且具有時效及即時性的意味，而翻譯在字面上看來較沒有立即性的意涵[22]。

另外通譯人又稱為譯員或口譯員，本文在此認為，口譯二個字，雖然同於通譯之意，然在我國在官方法律詞彙的用法之中，稱之為口譯者尚屬

■ 註[22]
舉《行政訴訟裁判費以外必要費用徵收辦法》第 4 條為例：「翻譯費，中文翻譯為英文、日文者，每百字徵收新臺幣三百五十元，翻譯為西班牙文、法文或德文者，每百字徵收新臺幣四百五十元，翻譯其餘外國文字者，每百字徵收新臺幣六百五十元；字數均按中文字數計算，未滿百字者，按百字計算。」依此推論，翻譯二字，在法院上的採用的意涵為專指文字的傳譯而已。

少數[23]，況口譯二字僅係一動詞的形態，為傳譯之意思表示，尚不比通譯一詞來的包容海涵。通譯二字既可當名詞來使用，又可以動詞的方式來表達；這包含了進行口語傳譯的人與傳譯的行為等。故個人認為，在涉外案件處理的傳譯過程中，應使用「通譯」二字較為得宜。

涉外案件為何要使用通譯（通譯與基本人權的關係）————

司法通譯制度的良窳，是一個國家基本人權的指標之一。在國際社會中，對語言公平的問題早已有共識，並在聯合國大會議決的相關規約及宣言中已做概括性的規定，盼望國際社會各國對於這項共識，能夠在其國內法中具體的展現及建立良善的制度，以落實基本人權的保障。在這些公約之中，對於通譯問題有較明確的規範者有《公民與政治權利國際公約》（The International Covenant on Civil and Political Rights（CCPR））及《保障所有移民工作者與所屬家庭權利之國際公約》（The International Convention on the Protection of the Rights of all Migrant Workers and Members of their Families）等及其他約規，上述這些國際公約對於有關人身自由與涉及司法層面的問題部分，提及到各簽約會員國及其政黨，本於尊重每個人基本人權，必須確保他在其國內領土中，

■ 註[23]
同前註辦法之第 7 條為例：「當事人聲請訊問證人、需用通譯或行鑑定，於證人、鑑定人、通譯請求日費、通譯費……」在法院的術語中皆用通譯二字，未見有口譯一詞。

都能享有語言公平的基本權力，並且必須用當事人所熟悉的語言（in a language which he understands of the nature），告知他所被指控的罪名、並且可免費獲得通譯協助的權力及其他必要的資訊等等 [24]。顯見國際社會咸認為一個國家是否有良善的語言通譯制度，為檢視該國是否努力維護基本人權的要項之一。

司法通譯的場所與傳譯方式

就司法通譯類別的細分而言，依場所而言，可分為現場通譯及非現場通譯，依方式而言，可再細分為同步通譯及非同步（逐步）通譯與視譯，茲以下介紹：

通譯的場所

1、譯者工作之場所

（1）現場通譯

現場通譯就是指通譯者及傳譯的兩造當事人等三方都在同一處所而言，就一般的司法通譯狀況而言，大都是屬於這類型的通譯，而且都會在政府單位的辦公處所，如派出所、警局、地檢署與法院等處，但也有少量的案子，因為當事人行動不便（生病）或是受限制（在監執行），承辦人會直接到當事人所在處所去做就訊的動作，但基本上這些情況傳譯者及對象與承辦人三方都會在現場，所以還是歸類為現場通譯的範疇。

（2）非現場通譯

非現場通譯，就是指通譯人在傳譯的過程中，不在傳譯對象所在的處所或是並沒有與承辦人同時在同一處所時所進行的通譯行為。這類型的通譯，因為在時間及空間等條件因素的阻礙情況下，通譯人無法立即到場傳譯，而利用電子資訊設備來進行通譯人的傳譯工作。

例如在深夜時刻，有臨時急需通譯的狀況發生，而通譯者因為交通工具及其他因素，無法立即到達指定現場進行傳譯工作，因而先以電話聯絡的方式來進行傳譯，或者是因為所需通譯的處所，距離太過於遙遠、偏

■ 註[24]

例如在《公民與政治權利國際公約》中所規範，第 2 條第 1 項：「每個國家的政黨基於本公約須尊重與確保每個人，並在其本國領土內與服從司法的條件下，承認本公約的權利，不得因任何因素有所差別，包括種族、膚色、性別、語言、宗教、政治或是其他主張、民族或社會出身、財富、出身、或是其他地位。……第 14 條第 3 項：任何犯罪指控的判決，任何人都必須賦予下列最低限度的保證，並有充分的平等：第 1 款：用他能瞭解的語言，立即並詳盡的告知他所被指控的罪名……第 6 款：如他不懂或不會說法庭上所用的語言，能免費獲得譯員的援助」。另外在《保障所有移民工作者與所屬家庭權利之國際公約》中亦有類似相同的規範，例如第 1 條第 1 項：「本條約保障所有移民工作者與所屬家庭不得因性別、種族、膚色、語言、宗教或信仰、政治或其他主張、民族、族群或是社會出身、國籍、年齡、經濟地位、財產、婚姻狀況、出身或其他狀態而有所歧視。……第 16 條第 5 項：移民工作者和其所屬成員之家庭當其被逮捕時，必須盡可能以其所能瞭解之語言，告知其被逮捕的理由，且他們也能要求即刻以其所能瞭解的語言為其進行訴訟。同法第 18 條第 3 項：任何對其以刑事犯罪的指控，移民工作者和其所屬成員之家庭依法被賦予下列最低限度之保證：第 1 款：以其能瞭解的語言，即時且詳細的告知他所被指控的案由與原因……。第 6 款：當事人無法瞭解法庭所使用之語言時，能免費獲得通譯之協助。第 22 條第 2 項：僅有依照法律的規定，當局方能決定將移民工作者和其所屬成員之家庭當其被自該國驅逐出境。第 3 項：該決定必須以當事人能瞭解的語言進行告知……」。資料來源：施政鋒博士，語言公平網站。（http://mail.tku.edu.tw/cfshih/ln/international-1.htm#08）。

僻，通譯人無法遠赴該處進行傳譯工作，因而利用電話或其他資訊設備而進行傳譯[25]。另外現在我國更有家事事件處理法中亦有明白規定，因為要保護被害者的理由，可以以視訊方式完成通譯的規定。

傳譯的方式

1、同步（simultaneous）通譯

所謂同步通譯，學界又稱同步口譯（Simultaneous Interpreting）就是傳譯的對象（發話人）在說話的同時，通譯人也同時立即的傳譯其內容給被傳譯者知悉。這類的通譯品質要求標準非常高，不僅是通譯者本身的語言能力及素養要好之外，其所運用的設備也要非常精良，如無線（有線）電子傳送的發、收設備及會議所進行的場地設備等等條件，缺一不可。通常在國際會議及學術研討會等場合皆須運用到這類型的通譯，例如在電影「雙面翻譯」（The Interpreter）中的女主角妮可基嫚在劇中扮演聯合國口譯員席薇亞，她在聯合國各項會議中所進行的傳譯工作，就是屬於同步通譯的性質。

在司法通譯的場合，僅觀察到在法院審理過程可能運用同步通譯的方式進行傳譯，而這與一般學術界所稱之同步口譯方式有所不同，它也要

■ 註[25]
這類的傳譯內容都以人別的確定與刑訴法 95 條的權利告知為主，因為譯者沒有辦法做簽名或是具結的動作，所以事後也都必須要再到現場重覆確定一次，也因為法律效果有限，所以很少使用。

經過審判者的同意為前提之下才可以進行，它有一個學名叫「耳語口譯」
（whispering）。在使用這個方式進行同步的傳譯，可以加速案件審理的
整體進度，而它傳譯的標的，是對造當事人與法官進行的對話內容，不是
譯者所傳譯的對象主體。一般而言，對造當事人或證人向法官對話，熟練
刑事訴訟程序的譯者，會經由法官的同意之下，同步在傳譯對象的耳邊輕
聲的呈現對方在陳述的事實，以便於傳譯對象的接下來的答辯[26]。

2、非同步通譯（consecutive）

非同步又稱逐步，在學界稱之為逐步口譯（Consecutive Interpreting），
因為其通譯行為並非和說話者同時進行，亦就是當事人在說完一段話結束
之後，再由通譯人進行傳譯後對方的方式。這種類型的通譯較為普遍，一
般例如商業會議口譯、演講、公共服務性質的通譯等，皆屬於非同步（逐
步）通譯的類別。

而司法通譯因為其法庭（警政詢問）筆錄依刑事訴訟法規定及慣例，
都是以一問一答的方式在進行，少部分內容會以連續陳述的方式回答，所
以不論是一問一答的或是連續陳述的方式訊問及製作之筆錄，都是屬於非
同步通譯的範疇。

3、視譯（sight translation）

■ 註[26]
依現行法令，耳語傳譯因為沒有辦法紀錄於庭訊的筆錄之中或是無法錄音，並且
可能會妨害到案件審理程序，所以有的法官不同意耳語口譯的進行，但觀察熟悉
涉外案件審理的法官，在經過譯者善意的事先呈報，大都會同意這種傳譯方式，
因為如此一來可以加速進行審理的進度。

在司法案件的進行當中，可能會有法律文件請譯者當場傳譯，例如起訴書及上訴書等等，在法庭開庭前，要請譯者宣讀一下起訴要旨或是上次判決的結果等等，譯者依審判者的要求進行法律文件的內容宣讀，此時的傳譯方式，就是視譯的方式。但觀察司法通譯的整體流程，除法院的開庭有視譯的可能之外，其餘少數處所與時機也會有機會使用這種傳譯方式。

而初次上場傳譯的譯者對於視譯的方式一定會很緊張，因為有可能會看不懂法律文件的內容而無法當場正確的傳譯，特別是起訴書。但也請譯者不要太過擔心，法院開庭除了現行犯的強制程序的專庭之外，皆一定會提早會給你傳票，也會給你相關的書類及早準備，另外在實務上會請譯者當場視譯起訴書給傳譯對象聽，也是希望譯者概略的把「起訴事實」跟「上訴意旨」例如案件中所犯事實（人、事、地、物等要件）、起訴法條及可能被求刑的刑度等等重點概略的傳譯就好，譯者不用真的很認真的將其內容中的「綴詞」如書類中臚列的法條的構成要件等等，一一全部翻譯出來。因為起訴書中有些是法條的構成要件，例如「心生畏懼，致生危害」，或「意圖為自己不法所有」或「施用詐術，使他人陷於錯誤」這些法律文言文，皆是檢察官硬要全部寫出來給法官看的起訴之構成要件，譯者僅摘錄重點譯出即可[27]。

■ 註[27]
觀察這點有二派的做法，一派是堅持要一五一十的把起訴書的內容全部傳譯一次，另一派則是較為務實的希望譯者就起訴書的內容要旨概略的轉譯即可。筆者觀察到目前唯止，尚未有法官是堅持譯者要一字不漏的全部傳譯。

關於審判程序中，是不是要當場把所需要視譯的文件全部從頭到尾的翻譯出來一事，也還是有許多的說法。依目前我國審級制度的規則是採「續審」制度，也就是不管一審怎麼判，二審都要將前面的證據重審一遍。在這種前提下，等於「全部重來一遍」，所以一審怎麼判，二審就不是太重要。而同一件事在二審開庭時，會先陳述「起訴事實」和「上訴意旨」（就是為什麼要上訴？是一審哪裡判錯了？還是單純希望判輕一點等等），理論上當事人是應該事前都讀過判決書了，所以二審開庭程序往往不會需要宣讀很多一審的判決內容。此時，審判法官也是希望譯者形式上的宣讀（視譯）一下這些法律的書類的概略內容，以符合程序，便於接下來庭訊的進行，所以依筆者的實務經驗與看法，譯者真不用非常認真的一字不漏全部都翻譯出來，如此一來不但做了一次白工，又耽誤了庭訊的整體期程，而在場大概也沒有人會感謝譯者的雞婆吧。

至於如何才能正確節錄法律文件之概略內容而不致離譜的出錯，這就需要譯者平日多加練習看這些法律文件，練習如何正確有效的「節錄」與「換句話說」的能力，本書在後面章節中會舉一些實例，讓大家可以就這些實例來練習這種節錄與視譯的能力。

通譯實務應用的範疇

通譯或口譯的種類大致上又可以分為一、商業通譯，二、會議通譯，三、公共服務（又稱社區口譯）等三大類型，這三大類的口譯是屬專業口譯，非經長時間的訓練與養成，無法勝任，因此這種性質的口譯價格非常

的「公道」[28]，且非一般公部門可以負擔。而公共服務性質的社區通譯中又可再細分為社會服務（移民輔導通譯）、醫療通譯、警政通譯及司法通譯等等類型，因為本書撰寫的目的，將略過商業通譯及會議通譯不談，茲以下介紹以公共服務性質為目的的通譯。

公共服務性質的通譯類型

所謂公共服務之通譯，簡單的來說就是為公共服務之目的而進行之通譯行為，它的工作目的並不是為了要服務某特定的團體或個人，而是為了要幫助所需要幫助的人。公共服務通譯又可再區分為社會服務（移民輔導通譯）、醫療通譯、警政通譯及司法通譯，茲以下簡要的介紹：

1、社會服務（移民輔導通譯）

一般而言，有需要社會服務的通譯，大都是自外國移民來我國居、停留的外國人，而在這個領域之中所需求的面向較為廣泛，如歸化議題的詢問、政府社會資源的協助、公部門辦理各項申請手續流程的介紹說明與協助，子女、家庭的教養問題等等，皆屬於這個範疇之列。而因為其服務的內容與移民輔導工作相同，所以我在此又稱這種類型的通譯服務為「移民輔導通譯」。

而這類型的通譯，通常在移民署的服務站及各縣市政府的「新住民家

■ 註[28]
據筆者瞭解，專業的譯者在隨行口譯與會譯口譯的行情是以小時計算，且費用不會比專業的律師少，約莫是每小時 100 元美金起算。

庭服務中心」或其他有關新住民性質的團體之中的通譯人及其所從事的通譯服務行為，在此皆稱為移民輔導通譯。

2、醫療通譯

醫療通譯，望文生義就是在醫療行為的進行中所進行的通譯行為，它僅在醫療處所可以見到。而這種通譯人不僅需要具備雙語的能力，另外在醫學及醫療過程進行中的專業術語與流程等，均需要具備一定的知識水準，因此醫療通譯更是一種專業性的通譯。而國外的醫療界對通譯的問題更為重視，因此在 1987 年時「國際醫療口譯協會」（IMIA）更針對了這個問題訂定了 IMIA 倫理守則，企圖管理及約束通譯人在進行醫療通譯的行為。就 IMIA 所訂定的倫理守則的精神與企圖而言，我們可以得知醫療通譯在醫學界的重要性，我們更可由 IMIA 倫理守則觀察出，醫療通譯對於譯者傳譯行為的管理與規定，更是有過之而無不及的，因為社會大眾普遍對於醫療通譯的管理，在認知上都覺得比較有切身的關係，因為任何一個錯誤可能會造成無可挽回的遺憾。

3、警政通譯

警政通譯的意思，就是凡涉及公部門「警察」行為的通譯，皆稱為警政通譯。因為我國的司法警察權，並非內政部警政署所屬的警察專屬擁有，另外如行政院海岸巡防署、國防部憲兵司令部、法務部調查局、內政部移民署所屬之專勤大隊、收容事務大隊及國境事務大隊等單位之人員，其在職務上一定的範圍內，對人民的自由、權利等皆有警察權，可做一定警察權的行使。故凡涉及上述這些機關及其人員所屬案件的通譯行為，皆

應稱為「警政通譯」[29]。另外又因為警察工作乃司法程序的一環，所以在本書警政通譯一詞並將之歸類為廣義的「司法通譯」[30]。

4、司法通譯

現行制度認為，司法通譯一詞係指在法院、地檢署等司法起訴與審判機關中之檢察官、法官所主持的司法程序之行為，如行政、刑事及民事案件的起訴、審判與執行等，但如此的設定皆為狹義的「司法通譯」。惟本書認為，司法通譯若局限為狹義的訴訟程序，則在整體訴訟程序中語言不通者的人權將毫無意義。因為在訴訟發生的初階段，語言不通的當事人若沒有得到適時的傳譯服務，案件經常無法進入所謂的狹義訴訟階段而最終獲得權益的伸張，所以論及司法通譯與制度的範疇，應將司法通譯定義在刑事訴訟的整體流程之中，而這更應包括司法警政單位之調查初階段等步驟之中，如此一來，對於語言不通的當事人方有實際的助益。在下圖這些單位及所屬人員包括司法警察與準司法警察、司法檢察官及法官等等，依法所進行的司法案件，對人民的權利及義務上，皆有重大的影響，所以本書認為司法通譯必須擴大到案件偵查發動的初階段，並且比其他性質的通譯要求更為嚴謹與專業。

■ 註 [29]
警政通譯一詞在日本稱為「警察口譯」。
■ 註 [30]
我國司法程序的進行可分為偵查、起訴、審判及執行等四大部分，而司法警察在其中乃扮演協助檢察官偵查犯罪之作用，為整體司法程序的一環，故又稱為廣義的「司法通譯」；參閱《警察法》第 9 條：警察依法行使左列職權。……三、協助偵查犯罪。四、執行搜索、扣押、拘提及逮捕……。

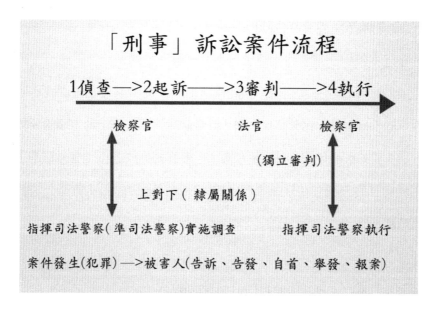

圖一、刑事案件司法訴訟的大致流程

本圖係由筆者參考林俊益老師《刑事訴訟法概論》一書定義自行繪製

司法通譯傳譯所應用的學理

在這本書中，筆者建議讀者在進行司法通譯的傳譯時，應將下列二個主要的翻譯學理交互應用，如此操作即可互補各原理在司法通譯傳譯時應用的不足之外，也較萬無一失，符合法律傳譯工作上各方面的要求。這二個主要的翻譯學理，在上個章節中已較詳細的向各位讀者介紹過了，以下就簡單的分別介紹這些原理中如何在司法通譯的服務時區分它們的使用時機。

功能對等理論（Functional Equivalence）

依筆者經驗，功能對等理論之中所提及的對等與等值的原則部分，較常用在標的語詞結構屬較為簡單的陳述性部分。另外也可用在「補充」說明前段傳譯的內容，以符合法律上的對等性意涵的教條。不過這點有點像是在滿足執法者對於法律相對性的要求，有時太過分強調這個理論的使用，對於語言不通的當事人，並無實質意義。

功能翻譯理論之核心──目的論（Skopos theory）

本書對於司法通譯傳譯時採用的應用原理，一向推崇目的論中所提及的「傳譯策略」，它在司法通譯傳譯應用實務中，乃是最為廣泛讓執法人員所使用的的指導原則：「傳譯策略（直譯法或意譯法），必須根據傳譯所要達到的目的（讓對象知道）來決定，原文（法律的專業術語及名詞）只提供信息的參考作用」。

功能對等與目的理論必須適時交互應用

就筆者的觀察與經驗得知，司法通譯的實際傳譯，譯者無法以單一的原理來貫穿全部應用。也就是說在傳譯的過程，並不能夠僅以單一直譯法（對等）或是意譯法（目的）來進行傳譯，它必須是交互運用，才能補充各自理論上的不足之處，以達到實際上真實的轉達對象所要表達的訊息。在這二種原理的互相補充原則下做司法通譯的轉譯過程時，譯者在遇到專有法律名詞時，就根據所得到的訊息（包括傳譯對象的教育程度、知識水平等等）以換句話說或是直接翻譯的方式來傳譯，而一般的對話就採用對等理論的直譯方式進行便可。

在此所提及「換句話說」的語譯方式，也是口、筆譯的技巧之一，而就法律上的傳譯重點而言，是要著重該法律術語或名詞是否能夠完整無訛的表達。

依筆者之經驗，以上這二種原理，在實務的傳譯運作，無法單獨使用，而是要交互運用，才能完整的做好司法通譯的傳譯。而究竟何時以「換句話說」方式進行，或翻譯出來的結果信件是具有法律效果的，或是在某個專業字詞的翻譯採直譯等等才是有效的傳譯，這些則是需要練習的，本書將在接下來的章節列舉一些實際案例讓讀者練習，在此先舉上述曾提及例子簡單說明：

通常在進行訊問一個竊盜案涉嫌人時，原來的問句子如下：

「你現在<u>涉嫌犯竊盜罪</u>，依據我國<u>刑事訴訟法</u>的規定，在訊問過程中你有下列權利。」

有畫上底線的部分，均為法律的專業用字，或是法律行為的過程的專業字彙，我們運用目的論所揭示的傳譯策略原理，先將這些專業法律的字詞轉翻成如下：

1. 涉嫌→正在調查。

2. 犯竊盜罪→偷東西。

3. 刑事訴訟法的規定→依據這個國家的法律規定。

加上以對等理論的傳譯方式（在專有法律名詞轉譯後，其意涵的補充，也就是直譯），再使用上述二個原理交互的運用修飾過後，就變成如下譯文內容：

警方現在正在調查你偷人家的東西（也就就是竊盜罪），依據這個國家的法律規定（刑事訴訟法），在問你話的過程中你有下列三個權利。

相信讀者看了上述轉譯過後的內容（換句話說與直譯方式交叉運用），一定覺得轉譯後的譯文，應該會比原來的問句淺顯易懂得多了吧！而這樣子找到讓被譯者容易瞭解並且不脫離本文法律效果的方式，也就是筆者一直重覆提起的，讓被譯者「知」的權益之真正目的。

傳譯過程之人稱及語氣的問題

在從事司法通譯的傳譯時，尚有一些細節值得學習司法通譯的讀者仔細的去體會其中的不同處，有時這些細節未注意，甚至可能會讓你的傳譯

失去溝通的功能與效果，所以讀者應該要注意這些問題。

人稱問題

在傳譯的過程中，人稱這個小問題，若使用不當，可能會造成被傳譯的對象主詞錯亂或是雞同鴨講，這種現象若沒有經過一定訓練的人，經常會犯這個錯誤，初學者應該要注意這個問題。

專業的譯者，在做司法通譯的傳譯工作時，應該一律使用第一人稱的用法，應避免再以自己的立場去做人稱的轉譯。

例如承辦人在詢問：「你有沒有偷人家的東西？」，這句話譯者就應該以承辦人的立場方式來傳譯 ：「你有沒有偷人家的東西？」，而不是用自己的立場再轉傳譯一次 ：「他問你，你有沒有偷人家的東西？」。而這個「你」的說法，也應該是以承辦人的身分來發言，而不應該是譯者再由自己的立場再去做人稱代名詞的轉譯。

筆者另外有觀察到一個有趣的現象，有一些東南亞語系有時並沒有第二人稱的「你」這個字的單獨說法，例如越南語，在使用「人」的稱謂的時候是以相對人的長幼輩分、男女性別、及職業等等來稱呼對方，這有點像是古代劇的情節對話，再例如上面這個問話，如果是一個年長的男警員在問一個中年的外籍男性：「你有沒有偷人家的東西？」，而這個譯者若是為女性，而年紀比這個外勞小，而譯者沒有使用第一人稱的傳譯方式，而是以自己的立場來翻譯這句對話的實際內容可能就變成：「哥哥有沒有偷人家的東西？」，而這與原來承辦人的「你有沒有偷人家的東西？」就

有點不太一樣了。雖然被翻譯的對象可能知道你在指誰，但這只是在偵查階段的單位，傳譯的對象只有一個人的情況而言。而狀況如果是發生在法院審理案件時，現場有法官、檢察官、原告及證人等等多重角色的同時傳譯，這樣子一來一往之間，人稱的狀況變來變去，更會讓當事人與其他旁觀者霧裡看花，不知道譯者到底在說什麼。本書以為，正確的用法，應該是以承辦人（或是發話者）的立場（包括身分、年紀與性別）來傳譯成「你（弟弟）有沒有偷人家的東西？」即可。

但更有人反應，如果不在事前向傳譯對象溝通你的傳譯方式[31]，很可能會被對方誤解譯者是很沒有禮貌的人，這種文化間的差異，在不同語言間的傳遞，很容易造成誤解，初次學習司法通譯的讀者，應多加小心人稱的運用，並且依照本書所提及的標準作業程序，事先向傳譯對象說明即可避免。

語氣問題

有關如何傳譯被譯者的語氣及其必要性，對於司法通譯的譯者來說，是一個譯者們非常容易遺忘但也很重要的課題，因此譯者要認真的去思考與揣摩，如何以適當的傳譯被譯對象的語氣。

語氣，是一個人講話的神情或表情等等心理狀況的外在表現，而就法律而言，在當下語氣的表達有可能成為一個犯罪行為的主要構成要件之一，如刑法中有對於男女以強暴、脅迫、恐嚇、催眠術或其他違反其意願之方法而為性交之妨害性自主罪，其中被傳譯對象如果是被害人，他對於

「違反其意願」這部分的回答，就足以構成成立該罪的要件。試想，被性侵的被害者，以面露微笑的方式向譯者說：「我沒有同意和他發生性行為哦！」，這樣子的回答，譯者是要如何讓承辦人知道呢？這種情況證據如何適當轉譯與表達，在法律的傳譯來說，亦是非常重要的一環。

而至於如何妥善的去傳譯你的對象當時的語氣，筆者在此建議譯者還是要直接以模仿對象的語氣方式，同時模仿對象面露微笑的方式說：「我沒有說同意哦！」來呈現傳譯對象當時的心境與談話，至於有沒有構成法律要件上的該當性，請留給承辦人自行去判斷吧，因為那並不是譯者應該考量的問題。

■ 註[31]
因此在尚未傳譯前，譯者應正式的向傳譯對象說明你的傳譯方式與過程中應注意的事項，一來可以讓對方知道你的立場及傳譯的方式，取得對方的信任，二來可以藉著這個溝通過程，掌握傳譯對象的語言理解能力，以便於譯者決定接下來的如何調整他的傳譯策略。

肆

司法通譯的實務運作

各類型的司法案件（與場所的介紹）——————

　　筆者在本書中將涉外案件大致分成以下三大類型：

一、刑事訴訟案件

二、民事訴訟案件

三、行政法規訴訟案件

　　這些類型的案件在訴訟過程中，對於通譯者或是程序的問題，都有概括性的規定，而大都依據刑事訴訟法中的總則中有關「人證」或是說「證人」的相關規定比照而來，亦有民事訴訟法中對於通譯的資格、程序與法律效果有特別的規定。依據這三大類的分類，又可以將這些類型的案件依場所分為下列處所：

司法警察機關（或準司法警察機關）

　　所謂司法警察機關有穿著警察制服的警察在裡面上班的政府機關，從中央的警政署、刑事警察局及各種的專業警察單位（例如國道警察、航空警察、森林警察（保一）、鐵路警察、捷運警察、電信警察等等專業的

警察單位）他們不論是在外觀上或是在實質上，都有司法警察的權力與制服，很容易讓大眾辨認出他們就是警察，這些都叫做司法警察機關。

譯者人員到這些警察單位協助他們傳譯的工作，都是屬於司法通譯的一環，不應把司法通譯的範圍侷限在法院及地檢署內而已。

另外所謂的準司法警察機關，是指具備有某部分司法警察的功能，但在這裡面上班的正式公務員卻沒有穿著警察的制服，但法律賦予他們同樣的可以執行拘束人身自由的權限，這些單位在法律上的分類，都在這個司法警察前面加一個「準備」的「準」字。也就是比照司法警察的功能的這些機關與人員，這些機關與人員有下列

1、行政院海岸巡防署所屬相關機關（可分為岸巡與海巡署二大機關），以及他們所隸屬的各個大隊執法人員。

2、法務部調查局全國各地調查站（及各區機動工作站）及其所屬人員。

3、國防部所屬各地憲兵隊及其所屬人員。

4、內政部移民署各個大隊（收容、國境與北中南各大隊）及其中所屬執法人員。

以上這些單位並沒有穿著警察制服，但他們在執行相關業務的時候，也可以視狀況執行法定的警察工作，對於人民的權利與自由做一定程度的限制與調查，所以這些單位又稱為準司法警察機關，或是準司法警察人員。這些單位遇有語言不通案件當事人的狀況，需要協助通譯時，譯者還是都有機會前往這些單位做服務。譯者不可以因為他們沒有身著警察制服，就認為他們不是司法警察也不叫做司法通譯，所有相關的程序和規

定，都一樣要比照司法通譯相關的程序來辦理。

檢察機關

　　檢察機關顧名思義就是檢察官和所屬人員上班的地方，檢察官代表國家的公權力對違反刑法和其他特別法的嫌疑人提起追訴，它與法院是息息相關的，因為檢察官追訴犯罪就是向所屬管轄的法院提出。在法律上來說檢察機關及各級法院，都泛指為廣義的法院，因此有許多的譯者誤會，檢察機關和法院是同樣都叫法院（因為早期法院和地檢署大部分都是合署辦公或是蓋在旁邊），後來法院和地檢署分開辦公，才將這兩個單位分開來。

　　在行政的體系上，地檢署是隸屬於行政院底下的法務部，也就是行政體系，而法院這是隸屬於司法院，兩者層級不同。但在公務性質上，都是屬於司法行政的一環，一個是司法審判機關，一個是起訴犯罪及違法的機關，從事司法通譯的工作，這兩者應該要懂得分辨它們的屬性，以免將來在通譯的過程中，把單位和人搞錯對象致使傳譯內容有誤。

　　地檢署相對應全國各地的縣市政府行政區域都有一個單位，比如說臺灣桃園地方法院檢察署，它的管轄範圍就是桃園市的行政區域，其他的縣市行政區域也都是比照大臺北地區比較特殊，分為士林地檢署及板橋地檢署，這裡要注意的是地檢署的全名，它還是掛在某某地方法院之下，比如說剛剛舉的例子：臺灣桃園地方法院檢察署，它的名字就是掛在臺灣的桃園地方法院之中，因此常常有人覺得檢察署和地方法院是同一個單位。但也有前面不是掛臺灣的，就是金門縣的地檢署，它的抬頭是福建金門，全

名是福建金門地方法院檢察署，至於為什麼要這麼命名，這個說來話長，作者不在此一解釋。讀者只要知道它並不是隸屬於地方法院就可以了。

另外地檢署也和法院一樣有分級，也有分成「最高法院檢察署」、「高等法院檢察署」和「地方法院檢察署」，但這個只是政府機關組織部門對應的問題，譯者只要知道地檢署的組織是和法院的組織層級相同，並且有相同的對應就已足夠。

各級法院

在我國法院的設計分為三個層級，從上到下名稱為最高法院、高等法院及地方法院，除了地方法院和各縣市政府的行政管轄區域大致相同之外，高等法院和最高法院會有跨越不同縣市的管轄。

在各級法院之中，也有分刑事訴訟法庭、民事訴訟法庭、行政訴訟法庭及未來廣設之刑事強制處分專庭等等。

因為在法院開庭的設計處遇上，又可分為普通庭及簡易庭，普通庭有三個法官來進行審理，但凡一般案件較為單純所犯罪行並不重大者，皆由一個法官單獨審理。另外為求慎重起見，在每一審判層級中又有三審，也就是俗稱的三級三審制。

譯者只要大概知道案件審判制度上如何設計，還有審判的流程就已足夠，這些場地對於傳譯的工作上並沒有什麼差別。不過在最高法院或第三審的案件，一般都是法律上的條件審查，不是實質的辯護，所以譯者應該沒機會到這些地方做傳譯。

　　另外譯者要特別注意的是，除了在法院審判的過程中會有原告、被告及證人、關係人等多位當事人在場，你可能要做逐步口譯或是同步口譯及法律文件的視譯之外，其他在司法機關及檢察機關中做傳譯工作時，因為我國法律制度的設計關係，談話筆錄的製作是採取一問一答的方式來進行，所以在這些地方譯者的傳譯對象應該都只有一個人，因此只需要做逐步口譯就已足夠。

一般行政機關（勞政及社政單位）

　　一般的行政機關對於他們所執掌的工作範圍，有時候也經常需要通譯來協助，例如各縣市政府的勞工行政單位（勞工局）及社會婦幼行政單位，經常也許有許多違反就業服務法、家庭暴力防治法及兒少事件處理法的案件，需要譯者們前往協助。這些案件因為也牽涉到當事人的相關權益，所以這些案件也應該含括在司法通譯的範疇之內，適用司法通譯的程序及各項要求。

接案與出發前的準備

　　從事上述這些案類的譯者，在接到案件與出發時最少應做到下列的準備：

詢問大致的案情

　　譯者在接到案件的時侯，應該立即查詢大致上這個案件的案情，例如是一個竊盜的案件，應該大致問一下是在什麼時候發生？什麼時候被逮捕？意識是否清楚？如果時間在深夜，對方是否同意接受偵訊？這些細節要稍微問一下，以免白跑一趟對方又不願意接受偵訊。

查詢相關專業法律名詞與流程

　　一個法律的案件，有許多專業的名詞，這些專業的名詞還有可能的流程，都要事先查清楚，以便於之後你正確的傳達給對方相關行為上的法律效果，同時告知當事人接下來可能面對的流程。

查明傳譯對象是否使用你所熟悉的語言

　　接到案件的時候，先別急著出發，若有可能的話，可以藉著電話先與你可能傳譯的對象簡單的交談，查明他是否使用你所熟悉的語言，以免到現場之後才發現你根本不會使用他所說的語言，浪費了大家的時間，也損害了當事人的權益。例如在臺灣經常發生印尼的外勞，大家都以為是印尼人所以理所當然是說印尼話，但大家有所不知，有很多印尼外勞是說他

109

自己熟悉的是地方的爪哇語，對於一般人都知道的印尼官方語，他並不熟悉。另外在印尼這個地方或是東南亞有許多華人，他們的後代也只會講華語，而這個華語有時是潮州話，有時是客家話，這點只有在初步與對方做簡單的交談之後才會知道。

查明應於何時，到何處，向何人報到及對方的聯絡方式

任何一個案子都應該知道並且清楚的掌握，應該在什麼時候到哪裡，向哪位承辦人報到，以便查清楚到達現場的交通工具與掌握時間及聯絡相關的狀況。

查明自己是否有法定應迴避及自我迴避的事由

迴避的事由，有分為法定迴避事由與自我的迴避，在民事訴訟法及刑事訴訟法等程序中，對於迴避亦有相關的規定如下：

刑事訴訟法第 17 條規定，推事於該管案件有左列情形之一者，應自行迴避不得執行職務：

一、推事為被害人者。

二、推事現為或曾為被告或被害人之配偶、八親等內之血親、五親等內之姻親或家長、家屬者。

三、推事與被告或被害人訂有婚約者。

四、推事現為或曾為被告或被害人之法定代理人者。

五、推事曾為被告之代理人、辯護人、輔佐人或曾為自訴人、附帶民

事訴訟當事人之代理人、輔佐人者。

六、推事曾為告訴人、告發人、證人或鑑定人者。

七、推事曾執行檢察官或司法警察官之職務者。

八、推事曾參與前審之裁判者。

同法第 25 條亦有規定：

本章關於推事迴避之規定，於法院書記官及通譯準用之。

但不得以曾於下級法院執行書記官或通譯之職務，為迴避之原因。

法院書記官及通譯之迴避，由所屬法院院長裁定之。

以上所說的「推事」，就是現代所說的法官的意思，只不過刑事訴訟法還沒來得及修正或是立法委員覺得沒有必要修正而己。對於譯者來說並沒有什麼意義，另外法院的程序進行當中，通譯到底能不能用、要不要迴避，一切都是由法官說了算，大家看上面的第 25 條規定就很明白了。

但規定雖如此，這只不過是法定的迴避事由，依照這個規定幾乎沒有一個在法院的通譯人員是要進行迴避的。所以才會有另外一個叫做自行迴避事由，這點在檢察機關通譯倫理規範第八點有提到：「通譯就傳譯案件如有拒絕傳譯原因、利益衝突或其他可能遭質疑其執行職務有偏頗之虞之情形，應主動告知檢察官。

另外在法院的通譯倫理規範相同的第 8 點也提到一樣的自我迴避事由，也就是說如果有拒絕傳譯、利益衝突或其他可能在執行職務有偏頗的狀況，譯者要自己告訴檢察官或是法官，無法執行這次的傳譯。

但是究竟什麼是利益衝突或是執行職務有偏頗之虞，這點還是沒有講

得很清楚，只有原則性的規範，要譯者自己去判斷。如此一來，譯者在遇到狀況發生的時候到底要不要迴避，筆者認為譯者無法自行判斷，應該交由第三方例（如：譯者所屬的管理組織）來去做管理判斷方較適宜。

其他

在出發前往通譯的場所之前，要注意一下通訊工具是否攜帶，服裝儀容也要注意不要穿著不適宜的服裝，例如短褲、拖鞋、迷你裙之類的。譯者如果有協會核發的制服或是司法通譯證明文件，也請一併攜帶，以便於取信承辦人及當事人，同時提高自己的專業形象。最重要的要選擇適當的交通工具，並且要注意自身的安全。另外如果是發生在凌晨無法立即到達，也沒有適當的交通工具的時候，就應該委婉拒絕。

抵達現場的標準操作模式 ──────────────

報到

到達現場之後第一件要做的事情就是向承辦人員報到，已確定開始服務的時間，前往傳譯的人回報，你已經安全到達現場。這是一個安全的考量設計，也讓派遣你出去服務的協調員知道你到達了現場，好讓他掌握一切的狀況。

先與承辦人溝通案情

即使在出發之前可能就已經從協會或是你的單位，還是朋友口中得到

了相關的資訊，但是實際到達現場後更應該和承辦人溝通一下這個案件相關的情節是否一樣，比如說當事人被侵害的狀況，或是當事人所犯下大致的罪刑，還有承辦人想理解哪個部分的情節等等。

向傳譯對象說明傳譯規則與簡單交談

在還沒正式做傳譯之前，必須要和你的對象詳細的說明你等一下要如何進行此次的服務，這當中包括你的語氣，以及遵守不可以交談與案件無關的內容，更不可以聊天等等規定，要很明確的讓你的對象知道你只是來做通譯，以維持你等一下服務的水準及專業。

傳譯的規則並沒有一定內容，大致上可以參考筆者的想法如下：

「你好，我是這件案件的通譯人員，等一下我會將你所說的話轉達給承辦人（法官、檢察官、警察），他們想要問你的話，我也會用他們所使用的語氣及人稱來直接傳達讓你知道，在語氣上或許比較直接，可能有所冒犯也請多包涵。在這當中我們不能做與案件內容無關的交談，請你知道這一點。

你清楚我剛才所說的內容及我所使用的語言嗎？你可以用○○語和我溝通嗎？

等一下就請你稱呼我為通譯先生／小姐就可以了，剛才我這樣說明你明白了嗎？」

在譯者向當事人說明的這段以後，當事人一定會回應你，在回應過程語言訊息交換之中，譯者同時可以知悉當事人對於你所用的語言的相關理

解能力，藉此譯者可以在等一下進行的過程當中調整你所使用的語詞及要
如何進行通譯的策略，以便於順利的完成整個傳譯的服務。

檢查錄音、錄影設備

開始進行傳譯之前，譯者首先要檢查的是錄音和錄影的設備有無開
啟，若是承辦人並沒有這個動作，也要適時的提醒承辦人是否有啟動這些
設備，以保障自己服務的品質及確保內容沒有偏頗。

注意傳譯時的位置

通譯的位置是安全與便利性的問題，譯者記住千萬不要太靠近你翻譯
的對象，只要他聽得到你的音量並且可以在那個場所的機器設備中紀錄下
來就可以了。無論你的對象是加害者或是被害人，譯者千萬保持適當的距
離即可，別貪圖一時的方便，事後可能造成無可想像的危險。

另外在法院傳譯時，通譯有一定的位置，大致上是坐在法官的前面，
但有經驗的譯者，會在法官的允許之下，直接坐在當事人的一旁，與等
一下可能的交互詰問，或是耳語口譯的狀況，進行即時的處理。不過這
一個動作應該要事先獲得該法庭承審法官的同意，才可以坐在當事人旁
邊服務。

傳譯過程可能的情況 ————————————————

要求承辦單位對自己的姓名聯絡方式要保密

有關於譯者的姓名年級資料或是聯絡電話，一直以來都困擾著許多的譯者，認為不受尊重及保障，雖然還是有其他的方式可以不用當場宣讀譯者的相關資料，但是看來在法院或是地檢署當中，仍然有許多資深的法曹不信這一套，依然是照本宣科的依規定在法庭當中將譯者的所有資料都大聲的宣讀一次，同時還要譯者在大眾面前（當事人）確定是否屬實。不過這個狀況在筆者向司法院及立法院等相關主管機關反應過，確實有改善一點，但看起來改善的空間還是很大。

如果是在司法警察機關及行政機關做服務的時候，譯者在開始進行之前，便可以事先向承辦人要求不要在當事人面前宣讀自己的資料，以免產生不必要的困擾及危害。在這裡建議可以向承辦人說：「等一下在服務的過程當中，請直接叫我通譯先生／小姐」便可。

若有其他發生危害的產生，應要求立即排除同時回報派遣單位處理

譯者在服務的過程當中，所有相關的承辦人除了譯者與當事人之外，並沒有人聽得懂你們在交談什麼，因此在這當中，經常發生一些問題，例如當事人要求譯者向承辦人求情，或是威脅、利誘及恐嚇譯者等等狀況，譯者應該懂得保護自己，立刻向承辦人反應當事人剛才的狀況，並且要求承辦人做處理，若是這個狀況一直不能改善，那麼譯者也應該考慮是不是要繼續進行這次的服務，同時回報你所屬的單位這種情況，以便於日後作

為檢討及改善的依據。

通譯完畢要檢視筆錄文字內容是否與自己所傳譯的內容吻合

在結束了所有的工作之後，承辦人一定會將你剛才翻譯的內容列印出來，在這個時候，一定要仔細的檢查列出來的筆錄內容是不是和剛才所傳譯的內容相符。筆者這裡也經常發現，承辦人因為電腦開了太多的視窗，或是使用前次的檔案出來修改，造成列印出來的筆錄是完全錯誤的情形。若是有錯別字或是談話是被承辦人節錄的狀況，或是使用法律用語而看不懂的時候，也不要覺得不好意思，應請承辦人解釋之後或是修改之後才在筆錄最末端通譯人上簽名。如果可以的話，盡量請當事人第一個簽名，在當事人簽之後在後面補簽名，使整份筆錄具法律效果。

其他狀況

上述所提到的當事人可能會求情、威脅、利誘及恐嚇的狀況經常會發生，此時應該要立刻斷然處理，除了口頭警告對方剛才這個舉動是違法的之外，另外一定要立刻報告承辦人，請承辦人做下剛才發生經過的紀錄，以更於事後追究當事人的責任。

筆者還有觀察到，當事人及一些律師會利用機會降低譯者的心防，借機套取譯者的聯絡方式，以便日後開庭時查詢相關資訊，或是其他不良的企圖，這些都要請譯者注意這種情況，千萬要留意不要大開自己的同情心，最後危害到自己的生命及安全。

其他

通譯費用的問題

通譯費用在每個層級的政府機關報酬價碼都不一樣，從法院、地檢署、司法警察機關、還有各個行政機關，因為預算編列的問題及相關法規的規定，還有案件的性質等等狀況，這些從最低的新臺幣五百元每個案件，到數千塊不等，相信專業的譯者看到這個價碼應該都會打退堂鼓。

據筆者的觀察，違反就業服務法的案件，應該算是最便宜的報酬，無論幾個人只要是同一個案件，翻譯多久的時間，都是五百元來算。這應該是許多譯者裹足不前，不想從事這個領域服務的主要原因之一。

另外還有觀察到司法院體系之下的各級法院，通譯費用是從五百到四千元來算，有法官依據譯者當時的表現，案件的難易程度等等來核定該次通譯費用，再加上當天的日旅費（類似公務員的出差費）及往返所需的最低交通費用，這三筆款項加一加，每次大約也有幾千塊左右。法務部體系之下各地區的檢察署譯者的通譯費用從一千到三千元不等，其他兩項與法院相同。有些司法體系內不明白專業口譯行情的人，一再的說譯者的報酬很高，但筆者認為，這些人有點井底之蛙，甚至是吃米不知米價的感覺，因為根據筆者的瞭解，專業的口譯員每小時計算是美金一百元為最低，每次出門服務至少要給付 4 個小時的價錢。如果是這樣子的現實行情來計算，司法單位應該找不到真正有能力的專業口譯人員來幫他們服務，更何況那些五百元是屬於計次不計時數的案件。

總而言之司法通譯的行情到現在還算是一個非常低價的狀態，相關的

服務人員大多抱著社會服務的心態來幫忙，筆者日前參加立法院幾場公聽會下來，發現這個預算的狀況還是沒有辦法趕上時代的潮流，唯有勞動部現在已著手進行修改相關的規定，要提高一倍的價錢來廣招更有能力的人加入服務的行列，筆者亦希望這個法令的修正能夠早日實現。

另外在司法警察單位來說，因為各縣市財力的問題及相關法規預算等等，司法通譯的報酬並沒有全國統一的標準，大多是依據勞動部的標準比照辦理，也就是每個案件還是只有新臺幣五百元，少數司法警察單位有提高夜間的費用，但那畢竟是少數，根據筆者自己瞭解，就連邀請單位的承辦人都自己覺得不好意思，有的人試著私下自己掏腰包解決，有的使用友情贊助的方式動之以情說之以理，反正上有政策下有對策，在沒有編列充足的預算情況之下，基層承辦人只好自己吸收。更可憐的是這些司法警察單位，因為在偵辦刑事案件的時候受到檢察官的指揮，對於移送現行犯到地檢署的狀況，也要負責吸收這部分的費用，基層的承辦人員真的是有苦說不出，而跟著一起倒楣的就是這些陪著案件一起過去地檢署的通譯人員，至於費用的部分大家也只好忍氣吞聲了。

筆者並沒有誇大這種現象，是有許多縣市的外事業務承辦人員私下向筆者反應，司法警察單位因為受到太多法規的束縛，相對來說也覺得對不起這些通譯人員，他們更希望見到一個真正的司法通譯制度的建立。

通譯的法律責任

司法通譯的法律責任問題，必須從各個法規中去解釋，但大致上來

說，都必須負相對的責任。依據刑法偽證罪的規定，通譯如果在具結之後又作虛偽的陳述，將被科處七年以下的有期徒刑[32]。而這裡所提到的具結，是指在進行通譯之前，在法院和地檢署所宣讀的一個法律文件，他大致的內容是根據刑法偽證罪的內容撰寫，大意是說「我今天來做這件案件（幾年幾月幾日某某字號）的傳譯工作，應據實陳述，絕無匿、飾、增、減，若有虛偽之陳述，願受偽證罪之處罰」最後再加上自己的姓名及當天的日期，宣讀完這些法律的文件之後，還必須在這個文件上簽名，之後才可以進行通譯。而這個過程就叫做「具結」。依據刑法的規定，這只有在地檢署與法院當中才會有的流程，在司法警察單位當中因為是協助以檢察官為主體的偵查，性質上屬於調查的一種，並非法律上的偵訊，所以並沒有這樣的規定。

但不是說沒有規定就不用負相對的責任，像在警察機關調查違反社會秩序維護法案件去做通譯，做了不實的翻譯，一樣是有法律責任的[33]。

■ 註[32]
刑法第 168 條規定：於執行審判職務之公署審判時或於檢察官偵查時，證人、鑑定人、通譯於案情有重要關係之事項，供前或供後具結，而為虛偽陳述者，處七年以下有期徒刑。這裡所謂供前或供後，就是指做口供的前後，而具結，就是要宣讀具結文並在上簽名，以便於產生法律的效果。
■ 註[33]
社會秩序維護法第 67 條：有左列各款行為之一者，處三日以下拘留或新臺幣一萬二千元以下罰鍰，……第四、關於他人違反本法，向警察機關為虛偽之證言或通譯者。

通譯實務

在法院內進行傳譯相關的問題————————

案件的邀請

一般正常的情況下在各級的法院（圖一）前往傳譯，法院都會於事前兩週到一個月內的期間提供譯者法院開出的傳票，除了因為沒有傳票是進不了法庭的原因之外，收到傳票的人若未依據時間出庭，它也有相對的法律效果，

圖一、台東地方法院

譯者接了傳票又拒絕到庭，到最後可能會受到被法警拿著拘票抓去法院罰錢之類的處罰。收過傳票的人，除了上面的案類資訊與出庭時間之外，都應該仔細看一下傳票下面那些小字寫什麼，千萬不要不把法院的傳票當一回事。傳票（圖二）與傳票的掛號信（圖三）。

情況緊急的情況之下，臨時需要通譯人員製作筆錄，可能會有書記官用口頭的方式提出邀請，但這種狀況比較少發生，因為法院的開庭都是事

圖二、傳票

圖三、傳票之掛號信

先就安排好的，很少臨時才去邀請通譯到場。

法院內的聯絡窗口

　　法院的傳票一般都會有法官和書記官的職名章蓋在上面，並且會有聯絡的電話，但不要試著去打給法官，通常也不會有法官的分機在上面，從傳票上面應該只可以聯絡到該承辦股的書記官，如果譯者要事先預閱卷或是有相關的問題要詢問，就只能找書記官當聯絡的窗口。

　　在收到傳票之後，譯者可以看上面的承辦「股」別，例如在某些法院來說會用一些國字來當分類，比如說天、地、玄、黃、宇、宙、洪、荒等等，這些就是承辦該案件的辦公室代號，如天股，易字○○○號竊盜案，就是說這個承辦的股，是「天」股的辦公室，並且它是簡易判決竊盜的案子，譯者在接到傳票之後，可以打上面的聯絡電話，給「天」股辦公室的書記官詢問易字○○○號竊盜案相關的情況，如此一來那個書記官很快就可以

在很短的時間之內，從他桌上一大堆的公文之中找到這個案件的卷宗，給你相關的資訊。

假日期間因為只有值班法警，所以有可能只能打到法警室請他們轉該承辦股的書記官當聯絡的窗口，但通常都找不到人，請你上班的時候再打來。

如何到出庭（通譯）的場所

譯者在收到傳票之後，上面應該都會有出庭的地點，譯者可以看傳票上面的資訊按圖索驥找到那個法院，但如果沒有傳票，法院的第一關法警那

圖四、服務台或法警室

裡你就進不去了，因為他們只看傳票不認人，如果沒有證件或是傳票，是沒有辦法進入法院的到法院去通譯時，一定要先通過這一關服務台或法警室（圖四）。

在進入法院之後，要拿你的證明文件比如說身分證或是外國人居留證等等，向入門後的法警室報到。此時法警室的人都會指示你到哪一個地方去等待開庭，這個地方通常是等待室。

因為現在科技進步的關係所以大部分都會有一定的開庭順序，依照螢幕顯示來指示，你何時可以開庭，但是這個地方有一點奇怪，因為相關案件所有的原告和被告或是證人、關係人及親屬都在這裡，更有律師還有相

關業務人員也會都在這裡等待出庭，譯者若是太早或是太晚到，見到這些人一定非常的尷尬，說話也不是，不說話也不是，所以還是建議準時到就好，或是事先和書記官聯絡，確定開庭的時段，以避免掉這種尷尬的情況發生。

通譯的位置

在法院之中，是將通譯人的位置設計坐在法官的前面下方，面對法官席的右手邊通常是原告或是檢察官，而左手邊是被告及辯護律師席。證人或是關係人的發言位置是在正中間的位置法庭配置（圖五），每個人面前都會有麥克風及螢幕，可以看你剛才說的話和書記官打出來的文字是不是一致。但就如前面所敘述的，有經驗的譯者，並不會坐在原來設計好的位置（法官前面），而是會選擇坐在譯者必須傳譯的對象旁邊，所以實務上並沒有確定的地方（圖六至八）。這個目的只是為了要應付接下來開庭期間可能使用的同步耳語傳譯。至於耳語傳譯因為有時在法庭當中無

圖五、法庭配置

法紀錄到你所說的聲音，一般
還是會禁止，但有經驗的譯者
為了開庭程序的順暢，當然還
是要事先讓法官知道這個狀況，
以免到時發生誤會影響了整個
庭訊的進行。

圖六、通譯在法庭中規定的位置

人身安全

　　譯者坐在你通譯對象的旁
邊傳譯，要注意的就是自己人身
的安全，有時候你傳譯的對象情
緒過於緊張，或是他是具有攻擊
性的嫌疑犯，此時可能要保持安
全距離，或是坐回原來設計的地
方。在實務上彰化地方法院就曾
經發生過一個外國人種植大麻被
法院宣判有期徒刑四年，結果那
個外國人無法接受這個判決，突
然拿出身上預藏的剪刀往自己的
脖子自殘，當場血流如注導致他
後來送醫不治死亡。試想如果他

圖七、選擇安全的通譯位置
（圖中通譯對象為安全較有疑慮之加害者）

圖八、通譯的位置
（圖中通譯對象為安全較無疑慮之被害者）

刺的對象不是他自己而是一旁的譯者，那後果真是無法想像。所以還是建議譯者在到現場之後先觀察一下對象的情況後再向法院報告確定要坐的位置在那裡。

倫理規範的遵守

　　法院當中有「法院通譯倫理規範」，那是各級高等法院特約通譯們都必須遵守的規定，在特約同意無法前往服務的時候，其他單位所訓練的通譯前往服務時也是必須要遵守這個倫理規定，雖然這個規定並沒有強制的約束力，但這就好像是一個人的品德一樣，也是會有許多人在觀察你的行為是不是符合這個規範的要求，他們（法官、檢察官、律師、當事人等等）事後也是會對你的服務做評分，如果你的表現實在差強人意，那麼下次應該沒有機會再出庭服務了。

　　筆者為了要更進一步加強對於通譯人倫理規範的實踐與有效管理，在台灣司法通譯協會的章程之中特別規定，身為台灣司法通譯協會的成員，不僅有這個倫理規範要遵守，更是把這個規範的內容適用在協會的章程之中，而且是有過之而無不及的規範，若會員違反了這些倫理的規範，最嚴重的會開除會籍，永遠不得再用協會的名義從事相關司法通譯的工作。如此嚴格的規範是希望在從事司法通譯服務過程中，都能夠保持一定的道德水準與服務品質。

法庭內的相關人員

法院開庭的時候坐在最上面的叫做法官，如果是案情比較單純的案件（簡易庭），就只有一個法官獨任，有時候書記官會坐在他旁邊打字。但他正常的位子在法官的前面下方，而通譯人員就在書記官旁邊。

法院內左右兩側是原告（檢察官）和被告（律師）的位置，如果被告已經在羈押中，那他旁邊還會多一個到二個警察限制他的行為，這個警察一般稱為法警，他的制服和外面的警察一樣，只不過他的工作範圍都是在法院裡面或是在監獄中，這些警察隸屬於法務部，所以我們通常他叫法警。他們雖然身上也是同樣警察的制服，但不能夠接受一般民眾的報案，他只能執行法院內的工作，這點應該有許多人不明白。另外，相對的來說，法院外的警察也不能在法院裡面執行法警的工作，但通常也有許多的法官或是檢察官會命令警局的司法警察去法院內協助戒護之類的工作。

而在法院的配置當中，也是有通譯這個職位，但是因為歷史與法規的緣故，這些通譯較少使用東南亞語言及外語，現在法院遇到涉外案件，大都會使用特約通譯或是邀請相關單位來做傳譯。

值得一提的是在法庭中的人員應該都會穿上法袍，法袍的顏色就是代表他的職位或是功能，以彰顯他在法庭中的地位及權力的象徵，另一方面也方便民眾辨識。有關法袍的顏色及代表的職位，讀者可以上各法院網路查閱，本書在此並不多加贅述。

法院內的通譯費請領

開庭結束之後別忘了將你繳交的證件拿回來，另外最重要的一張是領據（圖九），這一張領據在法官結束庭訊之後，別忘了提醒法官簽發通譯費用，有關費用等問題上個章節已經提到，在此不再重覆敘述。

譯者可拿著這張，法官已簽發通譯費用的領據到法院的總務科，就可以領到現

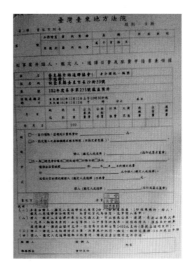

圖九、通譯費請領領據

金。如果是假日臨時開庭，有可能要到上班的時間才能回來領取，有時候總務科承辦人可能會在假日的時候或是下班時段委託法警協助核發，但要注意金額或是內容是否正確。若是覺得金額不對，應該立即提出質疑，立刻向書記官詢問是否金額有誤，等上班的時候再向總務可領取費用。

其他

一般而言，特約通譯或是不屬於組織的譯者，本身並無制服或識別證。你在法庭內除了靠位置來辨識你的功能之外，很少人知道你在這裡做什麼。因此筆者在台灣司法通譯協會中，有特別製作顏色鮮豔的背心，上面繡著「司法通譯」四個字，讓所有在法庭內工作的人知道會員在該處的功能，並且提高通譯人員的專業形象。

為解決譯者與執法者雙方互信的問題，筆者也另外在台灣司法通譯協

會的網頁中開設一查證管道，讓邀請譯者的執法者可以反向的查詢會員所持的協會核發的識別證內容為何，網頁其中可查得的資訊有譯者的姓名、語言別、能力、資格、條件等等，讓使用譯者的單位與執法者可經由這種的查證動作，確認這位前來傳譯的人在各方面條件都符合，也達成協會管理的目的，更可以和使用單位保持良性的互動，有關這點希望將來可列入整體司法通譯制度中的一環多加推廣。

在地檢署內進行傳譯相關的問題

案件的邀請

一般而言，地檢署中案件通譯的邀請方式與法院相同，一律使用傳票，在傳票上所揭露的有限資訊，一樣有案件的字號與股別代碼，書記官與檢察官姓名等等。正常的狀況之下，傳票一樣會事先在兩周到一個月內發給你，但因為地檢署是案件受理的地方，它幾乎是二十四小時運作，所以也經常會有臨時電話通知的狀況。

地檢署內的聯絡窗口

地檢署的傳票和法院一樣，一般都會有檢察官和書記官的職名章蓋在上面，並且會有聯絡的電話，但同樣的，不要試著去打給檢察官，從傳票上面應該只可以聯絡到該承辦股的書記官，如果譯者要事先預閱卷或是有相關的問題要詢問，就只能找書記官當聯絡的窗口。

如何到出庭（通譯）的場所

　　地檢署（圖十）和法院一樣，在傳票上面都可以有詳細的資訊可以找到開庭的位置及交通資訊，只不過那個場所名稱與法院不同，不叫法庭，而是稱為「偵查庭」。到地檢署不一定是指在那的偵查庭，你要先向法警報到，法警會引導你到等一下要進行的偵查庭，在開庭之前，也有一個地方叫做等待室可以在那裡稍作休息，但建議還是不要在等待室等待，因為可能會和你翻譯的對象或是對照的當事人不期而遇，如此一來是非常尷尬的情況，有時甚至對方的律師，也會故意過來跟你套交情等等情況發生，有經驗的譯者，通常都會非常準時出現在偵查庭內，避免掉這些不期而遇的尷尬情況。

圖十、台東地檢署

通譯的位置與相關人員

　　在地檢署的偵查庭中，會問你話的人只有檢察官或是檢察事務官，另外一個打字的和法院一樣，也叫做書記官，他的工作性質類似於法官和檢

察官的祕書。在偵查庭當中，除了一旁的法警之外，你應該只會看到這兩個人。基於偵查不公開的原則，檢察官在偵訊案件的時候，一次只會問一個人，所以你只能站在面對檢察官和書記官的前面，而一旁就是你翻譯的對象。

人身安全

因為你翻譯的對象就在你身旁，所以人身安全的部分與法院出庭時相同，所以不在這裡重複敘述一次，譯者自己應小心觀察並謹慎處理。

倫理規範的遵守

地檢署對於通譯的倫理規範也有自行訂定特別的規定，但內容與法院的大同小異相差不遠，在此也不再重複敘述。

地檢署內的通譯費請領

在地檢署傳譯之後，報酬費用是由檢察官核定，領據格式與法院相同，只不過它的通譯報酬額度從新臺幣一千元到三千元不等，比法院少一點，但日旅費和交通費都一樣。請領的方式是拿著檢察官核批過的領據，持著你這次出庭的傳票，一起向總務科領取。若是在下班時段或是假日期間，可能就要向法警領取。

在司法警察或準司法警察機關內進行傳譯相關的問題 ————
案件的邀請

　　警察機關因為工作性質的關係，大部分譯者會前往通譯的處所，都是在警察最基層的執法單位「派出所」中，派出所內分工有各種攻勢勤務（巡邏、埋伏、臨檢、戶口查察及其他）與備勤二種類別，一般情況遇到涉外案件時，會由查獲的人或是那一組人員其中一位資深的員警去做詢問筆錄，也有較大的所（員警人數較多的單位）是由較資淺的去製作再由所長或是副所長、帶班資深員警等去指導。但是遇到當事人語言不通的情況，只能請求上級（分局）外事承辦人或是外事警員幫忙尋找通譯前往協助。因為警察這種工作的特性，它必須是 24 小時不間斷，所以邀請通譯的時機也就沒有固定時段，也不能預知，更不會有事先的傳票，而且大部分都會集中在晚上 9 點或深夜警方展開執行各種專案勤務的時候。

　　有些警察單位因為經常處理某類型的案件，承辦人也較固定，因此也有許多「配合」的通譯人員，固定為某種語言服務。這對於警察單位來說是一個較為便利的便宜行政做法，但這種長期配合的模式，恐怕不符通譯人員基本倫理與二權公約的精神，無法做到以公正與客觀的第三方角色為語言不通的當事人服務了。

案件時間較冗長

　　因為警察單位的派出所或是分局（圖十一至十三）是第一線受理報案的地方，有許多的細節和疑點都必須在這裡逐步的釐清，再加上承辦人不

固定，對相關的案情並不熟悉，臨時意外的狀況很多，所以整個環境並不像大家所想像的單純，更不可能像地檢署或是法院有許多人在維持秩序。因此每次製作筆錄時間都會拖得比較長。

圖十一、派出所照片
（通譯最常去傳譯的地方）

費用的問題

有關協助警察機關執行傳譯的報酬，因為警察局都隸屬在各縣市政府之下，因此各地警察機關對於通譯費用的編列，也受限到地方政府的財源，或者是各自循撰寫計劃向各類的基金申請，但一般來說都不高，目前大多比照現在勞動部的算法，每個案件新臺幣五百元起

圖十二、警察分局照片
（分局為派出所的上級單位）

圖十三、警察局（總局）
（大部分的專業單位如婦幼隊、
偵查大隊駐地都在警察總局內）

跳，但也有的警察機關可
以編列比較充足的預算，
但平均而言還是低於地
檢署與法院。

圖十四、通譯的場所（環境）

臨時狀況較多

在警察機關傳譯服
務時，會有許多的臨時狀況出現，比如說無法預知案件發生、都是臨時
被通知、沒有辦法好好準備。另外警察機關出入的人較複雜，有時候更
可能會和案件的相對當事人不期而遇，特別是家暴案件，相對人可能出
現在同一個地方，上圖中（圖十四）為通譯在傳譯時，竟有相關當事人
在一旁觀看（錯誤的示範）。

另外還有一些狀況就是承辦人因為輪班的關係，可能都是新手，通
譯人員對相關的案情或是流程都有可能都比員警還老練。

再者基層警察勤務單位因為是案件初步受理的地方，加上訴訟流程
的關係，如果遇到現行犯的狀況，更必須隨著案件到分局偵查隊，也可
能還要一路往地檢署或是法院去服務，通常時間都非常的冗長，譯者的
體力也不堪負荷。上述種種的狀況千奇百怪，對於譯者來說，是一個非
常嚴峻的挑戰。

在其他行政機關進行傳譯相關的問題 ─────────

在其他的行政機關進行傳譯,則沒有上述司法審判機關及司法警察機關這麼多的狀況出現,例如邀請的問題、場地的問題或是錄音設備的問題等。比較值得譯者注意的是通譯的報酬各單位標準並不一致,加上業務性質的不同,需要理解的專業術語難易程度不一,譯者可能會花更多的時間和承辦人員溝通,而不是把時間花在做通譯上。

通譯相關單位應注意事項 ─────────────

譯者所屬機關組織應注意事項

一般而言,譯者應由有通譯需求的單位來做訓練與教育,而在我國並不是做得非常理想,另外在管理方面,更是很少人會去注意到這個問題。

依筆者的個人想法,譯者個人在各種條件及情況下,比較不容易去爭取自身的權益保障,而由教育及訓練他們的單位或是機構來負責他們的權益爭取,是比較可行的。

茲以下針對教育訓練機構注意事項條例說明:

1、平時加強各項專業知識養成訓練

譯者所屬的教育訓練機構平時應針對經常接觸的案件,做專業知識的養成教育訓練。因為相關領域的專業術語及專業知識,非一般的口語交談會話,通譯者必須將這些專業術語及專業知識,轉換成普通人都知道的簡單句子與名詞後,才能讓與被通譯人瞭解到承辦人員相要表達的內容究竟

為何。而各種專業的通譯訓練，又可分為會議通譯、醫療通譯、商業通譯、社政通譯與司法通譯等幾種類型的通譯。

2、譯者身家背景的資料庫建立與維護

建立譯者身家背景的資料庫之目的乃為過濾譯者是否與通譯個案有利益衝突或是需要迴避的可能。若不清楚的掌握譯者的身家、背景與素行等等資料，在遇到遴派有須迴避之不適任的譯者前往通譯時，不只是案件的進行有困難，甚至會被相關當事人懷疑承辦人的立場是否公正，就連對於將來衍生的法律效果問題，派遣單位也是難辭其咎。所以一定要確實掌握譯者的相關資料。

另外，這些譯者的相關基本資料都是非常隱密的個人隱私，教育訓練的機構有責任將這些資料管理及保管，不可以向其他不相關的單位或是個人透露任何譯者的個人資料。

3、傳譯行為的管理

譯者如果在通譯的過程中，有不當的行為出現，所屬的管理單位勢必要做適切的處置，例如考核、督導、輔導、淘汰等作為，以維持一定水準的通譯表現。

4、危機處理要迅速

這裡所指的危機處理，包括使用單位對譯者的不當行為與譯者在傳譯時自身的不當行為。例如假釋使用單位對譯者不尊重、甚至要求不合理的配合時，派遣譯者的單位就應該立即反應，先去電要求該使用單位負責人說明，甚至於事後可以行文至該單位的上級要求改善情況。而相對而言，

若是譯者在通譯時自身有不當行為，經使用單位反應，也應該立即查明真相後，做適切的反應，如警告、糾正或是更換通譯人等之危機處理，以維持派遣單位之信譽與服務品質。

5、積極爭取權益

上述提到，司法通譯的傳譯者在通譯的過程中，有許多的基本權益（人權），但是一般來說，他們都沒有勇氣來爭取自己的權益，也因為個人力量太微不足道，無法與公部門來做抗爭。因此，積極爭取譯者的權益，更是一個通譯訓練機構的責任。這些權益包括合理的報酬、人格的尊重、身分的保密、人身安全的保護與合理的對待等。

使用司法通譯的單位應注意事項

1、編列適當預算

所謂巧婦難為無米之炊，沒有錢，是萬萬不能。通譯人為使用單位付出了時間與心力來做專業的服務之後，不給合理的報酬，在一個民主化的社會中，是一件非常不可思議的事，也可視為對譯者非常不尊重的舉動。但有時候並不是承辦人不想給錢，而是根本該單位就沒有編列預算，以至於承辦人沒有辦法給報酬。而編列預算的工作，並不是承辦人個人可以完成的工作，而是相關的行政人員應該要去編列這種預算。

2、盡量縮短通譯過程

偵辦任何一種涉外案件都是冗長的程序，加上傳譯的過程，往往需要許多時間來溝通，造成當事人非常的勞累，為了案件進行得順利，偵辦單

位應事先與譯者做案情的概述，以及表達想要偵訊的方向及問題，同時在偵訊前應先將所有的問題都先一一詳列，等譯者進入偵訊時就可以立即進入狀況，不至於擔誤了案件偵辦的時機。

雖說目前通譯人的報酬給付，並不是按時間計算的，但是事先研究案情、與譯者做事前的溝通及準備電腦、錄音或是錄影等，可大大的縮短偵訊過程時間，更有助於案件偵辦的順暢。

3、對譯者姓名保密

譯者在傳譯的過程中，與被傳譯的對象必須面對面的接觸，因此可能會被當事人（嫌疑人）知悉渠之姓名與年籍資料，進而用來恐嚇、收買通譯人。另外在通譯的過程中，訊問人可能並不知悉被訊問人正在恐嚇、脅迫、利誘或收買通譯人，因此，下列幾點，必須要特別注意：

（1）只對嫌疑犯說明渠為通譯，姓及名等其他不相關的不提供給嫌疑犯知道。

（2）承辦人員在對通譯發問問題時，不稱呼通譯人姓名，僅以「通譯先生」或是「通譯小姐」來稱呼。

（3）譯者在筆錄上簽署名字時，最好別在嫌疑犯面前簽名，應在嫌疑犯簽名之後再給通譯人簽名，以保護通譯人的姓名的隱私。

（4）在訊問過程中，要觀察嫌疑犯與通譯人的對答神情，見譯者有困窘之狀發生時，要暫緩筆錄製作的進行，並在瞭解實際狀況後安撫譯者。

4、尊重譯者

在通譯的過程中，一定要尊重通譯人員，不可以懷疑等方式對渠侮蔑情形，否則下次可能會因此而無法再邀請到譯者來幫忙，譯者所屬的單位也可能因此亦無法協調所屬的譯者前往協助。

5、注意傳譯過程雙方的互動以過濾通譯是否適任

在傳譯的過程中，承辦人雖然不懂得譯者與被譯者雙方的交談內容，但是還是可以由譯者的表情，肢體動作及說話的速度與方式等處來觀察所邀請的譯者是否勝任。若有溝通不良、語言程度不足，甚至察覺該譯者有利益衝突而需要迴避的情況，應即刻向派遣譯者的單位反應，即時做適切的處置。

6、購置完善的設備

在通譯的過程中，紀錄是一件非常重要的基礎工作，現在的科技日新月異，相關電子產品的精良，更不在話下，相關單位均應購置完善的設備，以為應付日漸劇增的涉外案件。另外如視訊通譯，電話通譯等方式，周邊的電子產品也應齊全，以確保傳譯過程有完整的紀錄，避免因為設備的不良而影響了該案件的法律上的效果。

7、整備多國語言法律文件

涉外案件發生時往往會遇到在深夜中，或有時是較偏遠的地區的情況，此時通譯人員無法即時到達指定處所來進行通譯。對於許多的狀況，涉外案件的外國當事人往往無法瞭解承辦人員當時所為之行為目的是什麼，因而造成了許多的不便與誤解。特別是執法人員在執行搜索、扣押、

拘提及逮捕時，相關的公文均是以中文書寫，還有權利義務的告知，是否要通知代理人、辯護人、駐臺使領館及辦事處等事宜，這些相關的通譯在第一時間都是非常重要的，並且具有法律上的效力。所以，執法機關宜針對一些常遇到的狀況，應該都要事先製作不同語言的雙語文件，以供執行人員遇有涉外案件的第一時間使用。至於這些製作好的雙語文件，建議置於警方自己所屬的內部網頁或是官方網站中，方便基層執法單位遇到臨時突發的狀況時，可以方便立即查詢並出示給語言不通的當事人知悉他的權益。

在上述文章中有提到「與通譯有關的各種著名國際公約」之中，各項公約中均有描述司法警察在逮捕外國人時，對該外國人與本國人一樣，必須依刑事訴訟法第幾條之規定告知逮捕的理由及任選辯護人的相關權力，給予渠等辯駁的機會。對於不瞭解官方語言的外國嫌疑犯時，應用該外國嫌疑犯瞭解的語言來告知渠等被逮捕的理由及任選辯護人的相關權力，給予渠等辯駁的機會，而如在深夜時，遇有使用特殊外國語言的場合時（如巴基斯坦國、斯里蘭卡國及俄羅斯語等），為使案件順利進行及保護外國嫌疑犯的相關權利，建議可先以電話聯絡譯者先告知逮捕的理由及任選辯護人的相關權力等並將這些狀況作成紀錄，之後再於適當的時間，盡速請譯者再到場重做一次告知的動作，並且要將為何要做二次告知過程詳實紀錄於報告或是第二次的筆錄中，作為將來提供法院參考的依據。

我國現行針對於有外國人被逮捕的狀況，現行的作法，除必須依刑事訴訟法相關規定告知渠之權利外，另尚須依內政部警政署函頒〈涉外案件

處理程序〉之作業規定，告知渠有權利通知渠駐臺大使館或是駐華辦事處及人員。於告知該僑後，最好在筆錄中詳細載明告知的時間及已通知何人等，而如該外僑有不願告知駐華大使館或是駐華辦事處的意思表達，亦要在筆錄中詳細紀錄。但在深夜時，遇有使用特殊外國語言的狀況時，我國現行的作法並沒有如同上述筆者提及之縝密作法來保護涉外案件當事人，關於這點，主管機關應可參考改進列入官方的標準操作程序。

8、盡量不要用專業術語來詢問問題

法律的用語請通譯盡量用平常用語的方式來詳細說明，而不用專業術語。如「認知」、「預見可能性」及「不確定故意」等，可以用「知道、瞭解多少」、「知道可能會會發生的比例、知道這樣子可能會……」、「這樣子做一定會……，但是不確定會發生在……上」；另外同一件事，要以各種角度的問法，令對方答辯，而詳細的記載並且確認他表達的意思。在刑事訴訟的被告筆錄部分最好用一問一答方式進行筆錄偵訊，而證人部分則以連續的陳述為宜，以完整及清楚的呈現案件發生的過程與實際情況。

陸

台灣司法通譯協會的努力

緣起

　　在台灣司法通譯協會成立前，筆者早在 2006 年於台東成立臺東縣外語通譯協會並擔任協會的理事長，推行語言傳譯的服務。臺東縣外語通譯協會與台灣司法通譯協會的性質相似，只不過較著重在地區性的社區語言服務與多元文化的融合。後來在偶爾因緣際會的機會之中，北上向南洋姐妹會的姐妹們教授司法通譯的實務（圖十五），認識了許多在從事司法通譯服務的新住民朋友，大家有志一同，希望成立一個以司法通譯服務為主

圖十五、2011 年到臺北永和社區大學和
南洋姐妹會的學員解說司法通譯（倡議）

的團體，用組織的力量去完成助人的心願。

　　透過了許多的熱心的朋友一路相挺，包括臺灣師範大學翻譯所的師生與社群網路的力量，我們結集了許多志同道合的人，終於在 2014 年 9 月在臺北市臺灣師範大學翻譯所的大教室中舉行正式的成立大會，之後函辦內政部辦理註冊，同年 10 月又在臺東地方法院完成法人的註冊。於是全臺灣第一個以司法通譯服務為性質的協會，在筆者的家鄉臺東悄悄的成立了。

招募與訓練

　　台灣司法通譯協會成立之後，最重要的工作就是在全國各地招募與訓練會員，筆者本身從事司法警察工作多年，再加上對於司法通譯實務的經驗與研究知悉，目前正在從事司法通譯服務的人員，有許多的人經驗與法學學識均不足，常在傳譯的時候出現了許多的人詬病的問題，而要有效解決這個問題，就必須在全國各地招募有語言能力的人再以適當的訓練，以充分應付全國各地突如其來所發生的涉外案件。

　　筆者平日有工作無法到處奔波，但為了達成招募的這個目的，筆者只好犧牲自己的休假時間，利用假日期間跑遍全國各地招募會員，同時宣傳司法通譯的理念。所幸有許多的善心人士見筆者旅費不多，便傾囊相助幫解決旅費問題，另外在友人的指導下，自行撰寫了民間廠商的基金提案，得到了一筆獎金，也都全數用在全國各地招募與訓練時之費用。至今已經跑遍全臺灣，有些地方甚至去過十幾次，幫全國各地有心想學習司法通譯

的人免費教授司法通譯的理念還有基本知識。

在這段期間,筆者所招募到的會員或是前來學習的學生,絕大部分還是以東南亞語系為主的新住民,但由於絕大部分的新住民對於中文使用的程度,尚無法達到對於法律的語詞完全吸收,所以在課程的部分盡量調整成司法通譯倫理與通譯知識等基本概念的吸收,尚無法對於這些前來學習的學員做評量與實測。再加上上課的時間太少,每次上課最多只有四到六個小時課程的分量,大多只能走馬看花稍微介紹一下基本的概念,無法在學習之後複習並且對於學員所學習的內容做評量,如此曇花一現,蜻蜓點水似的課程,讓筆者實在有些灰心。

後來我們試著和社區大學合作,開辦較充足時間的一系列課程,原本計劃在北、中、南各地開課到處講授比較扎實的司法通譯的課程,這其中包括臺北師範大學翻譯所、臺中嶺東科技大學的附屬社區大學、桃園中壢社區大學以及南部的文藻外語學院等,無奈的是有些學校課程因為許多的問題,如相關人員加班、水電費、管理費用及保全等因素,校方規定人數一定要達到才能開課,讓部分原定開課的課程胎死腹中。另外南北學員的想法差距甚大,部分學員一聽說要是付費才能學習便裹足不前,筆者猜想這應該政府經常開免費的課程習慣了,一聽到要付費就覺得不合理也不會再來上課了吧!所幸還是有一些人非常認真的學習,我們也順利在臺中、桃園及臺北市將司法通譯這門課,扎扎實實的上了四十個小時以上,並且在課程當中幾乎每堂都會對學員的學習進行評量,讓我有機會瞭解到課程內容是否不適合或是學員吸收的程度如何。

在這當中教學相長，經由教授大家有關司法通譯的實務經驗及相關的理論，筆者所獲得的收穫非常的豐盛，讓筆者再次調整教授這門課程的內容方向。最後終於確定了如何傳授這門知識給大家的方向，於是將所上課的心得與實務上經驗的想法等教材全部編寫在本書之中，希望後來學習的讀者們，可以作為入門的參考。

但在招募會員的部分效果卻不盡理想，全國由招募到近五百名來加入會員，也有相當五百名左右的人次到全國各地筆者所開辦的課程中去學習，另外穿插著各地的外配中心或是其他協會與我們合作辦理司法通譯相關課程。筆者用盡了所有的力氣去宣導與司法通譯相關的理念及傳授司法通譯基本知識。這些上課的人次全部加起來應該也有上千名左右，可惜聽者眾、入會者稀，截至目前為止，大約只有六百個名字在全國各地申請入會，但有依協會規定繳納會員費用的人不到兩百五十個人，且年年遞減。

關於前來上課人數的減少，筆者猜想可以將部分原因歸咎於政府開設的相關免費課程，因為政府實在是辦得太多類似的免費課程，只要把「通譯」兩個字納入課程之中，就可以向政府申請相關經費的補助。到頭來學員也不過是在那裡待了一些時數就可以拿到證照或是證明，許多上課的學員都以為筆者所教授的內容和免費課程大同小異，殊不知內容有天壤之別，這應該也是政府的美意又變成了資源的浪費了吧！很多去上課的學員至今仍然搞不清楚，司法通譯與一般他們去上的那種免費「通譯」課程是相差甚遠的。可惜筆者只能在此發牢騷般的將這些心得告訴大家，有實際前往筆者與各社區大學共同開辦「司法通譯」課程學習的這些學員，應該

都知道「司法通譯」和「通譯」這其中課程內容有非常大的不同吧！另外還有一個狀況，也是引發筆者要撰寫本書的原因。因為筆者每次都是利用假日或是晚上期間幫大家上課，但還是有更多的人不能在那個時段去筆者所開設課程的地點上課，時間加上地理位置的因素，讓筆者想當初幫大家上課的美意落空。<u>因此撰寫本書更是要幫助這些沒有時間或是無法來參與的人，讓他們有機會可以學習並且接近這個領域，或許有一天，他們可以用他們所學的知識去幫助那些語言不通的人。</u>

而有意願加入協會的人並不多的原因，筆者自覺乃是和會員自我衡量後，見即使不加入組識也可以有案件接有極大的關聯，而這也是因為協會的組織運作與管理的功能在政府相關單位並不想配合建制的情況下所影響。因為長久以來相關執法單位與人員便宜行政已久，一時要這些人突然就懂得「程序正義」、「尊重譯者」並願意去遵守配合，這恐怕是緣木求魚的事吧。筆者曾多次的詢問各個單位及承辦人得到的回應，均是消極的。唯一有較具體的回答的單位告訴筆者一個不爭的事實，也是讓筆者覺得面前像是有一堵牆，他說這應讓「市場機制」來處理。也就是讓譯者自己去競爭，去搶生意、搶案子接的意思，或是讓承辦人自己去挑選配合度高的譯者的機制。如此一來，根本不用再談什麼迴避、過濾或是派遣與管理了，而這也就是司法通譯長久以來一直無法建立一個良善的管理機制的主因了吧！

經營與管理 ────────────────

經營的點滴

　　台灣司法通譯協會是一個社團法人的組織，依據政府規定的方式成立並且登記，所以協會對於會員的管理，自然與自由譯者或是一般的組識不同，筆者知道要靠譯者自我管理去實踐司法通譯的基本倫理規定，是把人當成神一般希望大家都會遵守這個無法有效實行規則。於是筆者把兩權公約的精神，還有司法通譯倫理的規定納入會員加入這個組織的簡則之中，如此一來，這些無法有效施行的規則，立刻變成可以實施的方式。如此的高標準的管理會員在從事司法通譯的過程當中的行為，相信符合社會大眾對於司法通譯人員從事傳譯服務過程中的期待，協會中甚至還有規定會員在入會之前必須繳交警察刑事紀錄證明書（俗稱良民證），這些設計都是為了要提高入會會員的水準，以免良莠不齊造成社會對協會的負面觀感。如此高標準的管理管理，希望這個協會是一個非常高素質的會員所結合的一個組織。但曲高和寡，能夠符合這些標準或是有這些高水準語言能力的人，對於這些管理模式，一樣的產生許多排斥的心態，讓協會的經營出現了許多的困難。

　　台灣司法通譯協會因為是一個全國性的組織，在全國各地必須由次級組織才能順利的運作，因此在成立之後的半年內，開始在全國各地物色適合的領導人，希望在全國各地以各區辦事處的模式，根據該地的特色與人力經營管理，與維持協會運作的順利。在這當中筆者也使用自己所撰寫計劃的經費，召集了各地區所挑選出來的主任與幹部，一起商量未來協會經

營的方式。包括招募會員與教育訓練等等細節，都希望有這些挑選出來的幹部協助協會去完成經營管理。後來我們在全國各地都已設有各地區的人力，可以漸漸的形成一個組識，和全國各地的政府單位產生互動，甚至已經有一些地區可以開始和警政單位協調，派遣一些受訓過的會員協助涉外案件的傳譯。

但是因為這個組織當初設立時，是以非營利的方式去產生，在這個組織之中並沒有任何一個人是有所有報酬，各地區的主任或是幹部也都是義務性質，並沒有多餘的預算給他們薪水，甚至也有一些會員臆測，幹部們是不是有領到相關的報酬等等，都讓協會的經營與管理出現了許多的困難。

管理上的難題

為了要聯絡全國的幹部與會員，並且可以對外接案的方便起見，筆者亦採取了現代的科技，請人撰寫協會的對外官網之網頁同時辦妥網址的註冊，（www.tjia.com.tw），以方便大家可以在網路搜尋與瀏覽協會的相關資訊，另外也與 IT 人員討論如何撰寫協會專用的 App 手機應用程式，以便於對內接案對外聯絡，在一開始撰寫 App 的過程中，我們吃盡了苦頭，包括如何讓 App 程式上架到全世界的兩大手機應用軟體公司的下載區，我們費了許多功夫才說服蘋果電腦所屬的 Apple Store 讓他幫我們上架，另外 Android 作業系統的 Google play 也牽涉到了許多版本不同的問題，費了九牛二虎的功力，才順利的讓我們協會專用的 App 程式上架給

會員免費下載使用。

　　上傳了這個程式之後問題接踵而來，我們當初設定的伺服器似乎無法負荷我們對於使用操作功能的要求，因為這個系統又涉及到了衛星定位、即時回報與平台溝通種種的伺服器運算功能，我們要求得太高，但是卻無法有充裕的資金可以租用流量高及運算快速的伺服器，只好將原來的 App 放在一邊，退而求其次尋找現成的套裝 App，同時花了許多的心血教導會員如何使用，但效果卻差強人意，不是會員無法順利進入就是忘記密碼，更別說外網邀請協會前往通譯的訊息如何順利傳達。讓會員覺得心灰意冷，筆者對此更是覺得十分的沮喪，無法完成當初的理想狀況。

　　另外一個管理的難題，就是大部分會員還是會自己應政府的要求私下去接案，大家對於司法通譯制度的建立充滿的質疑，政府單位也不理會協會的規定，便宜行政的呼喚會員私下自己前往接案。一直等到了會員在服務的過程中，自己的權益受損才想到協會可以幫他們爭取應有的權利，回頭才反應要協會幫他們向政府單位商討。另外也還未完成主要幹部的訓練，他們也尚未能夠對於這種狀況及時處理，造成制度上無法建立，如此惡性循環的情況一直發生，更是司法通譯制度無法建立的主因之一。

倡議與制度的改革

　　協會對於司法制度改革的問題一向不遺餘力，在民國 100 年的時候，筆者曾以臺東外語通譯協會創會理事長的身分與全國各相關議題的非營利組織及社會團體赴監察院陳情，獲得監察委員的重視，同時監察院也完成

了國內各政府機關對於司法通譯制度的調查報告書，對於司法統一制度稍有貢獻。之後對於立法院所召開的各項會議、公聽會以及相關議題的倡議等等活動，筆者均協調台灣司法通譯協會派遣主要幹部與成員積極的參加，表達我們對於這個制度的看法與建議。由於近年來十分積極的參與各項的會議，協會能見度已有提高，但很可惜的對於我國司法通譯的制度建立，並沒有顯著的改善與進步，盼望將來會再針對這一點加強夥伴與政府相關單位之間互相的支持與協助，希望有朝一日可以為我國的司法通譯制度進一份心力。

司法通譯有關的口譯技巧使用介紹

概說

　　應用在司法通譯各種場合的口譯技巧大致可分為逐步口譯與同步口譯，其中又以逐步口譯為主，同步口譯情況為例外，當然還有部分的狀況是需要視譯。這些技巧均以為語言能力（傳譯語言與標的語言）為基礎，再加上記憶的整理、對標的語的詮釋、轉譯為傳譯語的能力與輔助工具（筆記）的運用等等技巧交互使用。

　　在前面的章節當中有概略的提到，因為我國司法調查程序的習慣均採取一問一答的方式完成調查程序或是審理程序，也有就補充說明部分可以就問題始未連續陳述，以這樣的方式來進行調查的時候，在這樣的條件性質上去歸類，均屬於逐步口譯的範圍，所以在傳譯的難度上並沒有很高。在少數法庭辯論之交互詰問的過程當中，可能會遇到需要使用耳語同步口譯的機會。因此在這裡可以將司法通譯案件歸類為逐步口譯的範圍，譯者在學習司法通譯的過程中，應以逐步口譯的技巧和學理作為學習的範圍。至於同步口譯所使用的技巧與需要學習的範圍，並非筆者能力能夠介紹，只概略的在下裡的章節提到如何去訓練自己在同步口譯的能力，有興趣研

究同步口譯的技巧的讀者，可以到各個校園中的研究機構洽詢相關的課程，就筆者所知道，北部的臺灣大學、臺灣師範大學、輔仁大學；中部的彰化師範大學及南部的文藻外語大學與長榮大學等翻譯研究所及其學術機構都有相關的課程可供讀者參考。

司法通譯口譯技巧介紹

以剛才上面章節所敘述的分類，除了法院開庭審理之外，其他司法機關檢察機關與行政機關等單位的詢問，都屬於逐步口譯的範圍。因此所需要的口譯技巧並不與會議口譯及商業口譯一般需要很高深的通譯技巧，它所需要的是熟練的正確詮釋法律上的名詞與流程，這也就是一般法律人所通說的「精準度」。

就筆者所知道的，同步口譯所需要的技巧練習，有分為聽力訓練、跟述練習、記憶練習等等，當然逐步口譯也是需要這些技巧，如果讀者們在練習的過程，把聽力跟述和記憶真的練習的時間與強度加強，經過專業人員的指導下就可以具備初步的同步口譯的能力。而在這些技巧中最需要注意的是對於法律的正確理解。於是問題又出現了，什麼才算是對於法律正確的理解，這似乎是永不止息的套套邏輯謬誤（tautology）。

筆者在全臺教授司法通譯的課程，仔細觀察許多前來學習司法通譯領域的有語言能力的譯者們發現，這對於他們來說並不是一個很難的問題，而較困難的部分是他們不瞭解實際法律上的運作和相關的術語為何，還有實際上所發生的狀況應如何處理。

針對這一些法律正確理解的障礙，筆者自己設計的一套模式，讓初學司法通譯的人可以參考與摸擬。

筆者的方式是盡量呈現實際上所使用的術語或是法律語言，再將這些語言轉化成一般人都懂的白話文，譯者就這些詮釋過的白話文轉譯給當事人。在這當中牽涉到兩種轉換，第一個部分就是從法律術語轉成白話文，第二個部分是從白話文轉譯成標的語。或許有些法律工作者也懂語言的人可以直接轉換，但就初學者而言，最好多加學習本書接下來的例子。這些例子所轉化過的白話文，未必就可以直接翻譯給你的對象，還要看你通譯對象對於你說使用的傳譯語言的理解力（程度）來做適當策略的調整。

初學者應該用下的公式來練習

承辦人的問句通常是以法律語言和他們習慣的術語來撰寫，因此初學者要用下列的公式來轉譯：

1、法律術語或是法律語言（問句）

→ 2、詮釋成一般人懂的白話文

　→ 3、轉譯成標的語

而若是反向傳譯時（傳譯你的對象所說的話），就不用考慮這麼多，直接翻譯出來就好，因為承辦人（法官、檢察官或是警員）不需要你煩惱他們懂不懂。

特別要說明的是，下面這些例子是筆者自行整理的白話文，初學司法通譯的譯者，對於詮釋的白話文最好經過由法律知識的人看過，才能

再轉譯成標的語，否則有些法律用語失之毫釐，差之千里，不只貽笑大方，也會損及當事人知的權益，筆者就簡單舉個例子讓大家知道正確詮釋的重要性。

例如：「得」保持緘默，無須違背自己之意思而為陳述。在這裡的「得」字，法律上的意涵，是可以、也可以不的意思，若是在英文的話，它應該要翻譯成 may（可），若不知道這一個字的法律意思，直接翻譯成 have to（必須），那麼接下來被你翻譯的對象他根據你的說法，他都不必再回答任何問題了。

有些句子並不一定要全然照著翻，只要正確表達出他的意思讓你的對象聽得懂就足夠了，如一直拘泥於文字或是句子的對等，並未考慮到你的對象的理解程度，反而失去了司法通譯的真正目的，不知道是來表演譯者自己的精湛語言能力的，還是來讓你的對象知道他法律上的權益呢。

當然在熟悉法律的用字遣詞與相關術語的真正含義之後，譯者可以試著直接從承辦人的術語當中直接轉譯給當事人聽，但這裡還是要強調一點，請譯者在從事司法通譯的過程中，不要執著於（功能）對等的理論，而是要靈活運用目的論的方式，配合著對等論的基礎，才能把司法通譯真正的本質與目的做好。

為了要瞭解從事司法通譯的人員是否真正具有能力做好傳譯工作，筆者也將以這二個理論為基礎，加上實務上筆錄及承辦人的用句、用語及相關的法律流程為藍本，設計一套可以評量出譯者是否可以正確傳譯的測驗模組，藉由這些測驗模組的評量，應可以客觀的測出譯者對於司法通譯傳

譯的實力。

下一個章節的題目及附件是筆者近期在臺北向專業譯者上司法通譯訓練課程的作業，讀者也可以試著去練習，看是否能夠瞭解題目的涵意而正確的做答，這些題目的設計，大都朝著司法通譯的過程中所需要傳譯的內容或是承辦人筆錄用語之法律觀念的理解方向設計，雖然有些是筆者上課所列舉的實際例子，筆者評估初學司法通譯的讀者們也可就這些例子去思考，究竟在實際的司法通譯案件的傳譯過程中，需要用到什麼原理或是方式來進行策略的調整。另外有一些選擇與是非題及簡答等等，是屬於較為基本的概念題型，讀者可以自行練習後，核對本書之後所附的答案。

此外也附上臺北上課時某一位認真的學員所整理的作業，讓大家參考這些法律的語詞如何被學員們所理解並且詮釋成白話語的範例，當然實務上的法律用語與承辦人的法律術語是多如牛毛，在此不過將常用的部分列舉，也相當具有代表性，因為這些學員並不十分瞭解實務法律用語及意涵，是以一個初學者的角度對法律術語所做的解讀，請讀者可以參考一下。

測量方式與評分說明

因為觀察目前在文獻上也沒有相關的學術單位曾經做過司法通譯的測量與評分，於是筆者拋磚引玉，先以自身的經驗與研究，設計了一系列的測量方式，這其中包括選擇與是非的基本觀念題，加上部分法律觀念的簡答題，本書後面這些習作與題目，都是整個題庫其中的一小部分，讀者

可以先試著去做看看。最後還有一部分是要測量譯者的語言能力與口譯技巧，而這部分保留到另外一本測驗評量用專書再向大家介紹。

另外，筆者對於評分的方式也有自己的見解，在這個評量設計上，滿分應該會 100 分，這其中 50 分應是基本的概念題型，也就是上述所說的選擇、是非題還有部分的法律觀念簡答。另外 50 分就是學員自己的語言能力及技巧。這其中的技巧圍繞著上述所說的對等論及目的論原理的應用，除了以直譯及意譯方式來進行做答之外，換句話說的能力，也是整個評量部分之重點。

有鑒於司法通譯場所、使用單位情況以及各種案件的複雜度等等變數，我們也將上述的評分規劃從 50 分及格起算，一直到 80 分為滿分，依分數的高低，分別可以有能力在勞政單位、社政單位、移民機關、警政機關、司法機關、與審判機關等等處所進行服務。至於超過 80 分者，這些專業的譯者應該具有一定程度的商業口譯或是同步口譯的能力，屬於較高層次的譯者，可以具有能力勝任任何一種司法通譯的場合。若讀者想核對答案，可自行到筆者在 fb 的粉絲頁（司法通譯 q&a）中留言，筆者會在上面與有興趣的研究的讀者互動討論。

司法通譯能力檢核評分標準表		
分數	可服務場合	備註
80-100	各種司法通譯的場合	已具備一定基礎之同步口譯或會議口譯能力
80-70	各級司法與審判機關（地檢署與法院）	須具備逐步口譯與視譯基礎之能力
70-60	警政與移民機關	須具備逐步口譯能力
60-50	社政與勞政單位	須具備逐步口譯能力
50	各種服務台資詢類服務	已有司法通譯之概念及基礎之逐步口譯能力

台灣司法通譯協會台北地區專業譯者學員課程作業（2016 年）

第一次作業

內容如下：

1、首先自我介紹（中、外文），內容簡短即可（來臺多久、讀什麼
　　學校、家庭狀況）

2、再用你的外文能力說明下面這一段話（請以你使用的外國語言寫
　　下來）

　　（1）你好、我是來協助你這件案件的通譯，等一下在案件調查進
　　　　　行的時候，請依照我傳譯的問題回答，我也會依據你的回答
　　　　　傳譯給承辦人知悉。

　　（2）在這當中，我會使用承辦人所使用的語氣與角色及身分來進
　　　　　行傳譯，請你知悉這點。

　　（3）同時在進行案件調查的時候，除了與案件有關的翻譯內容之
　　　　　外，我們不能做其他交談，也請你與我配合這項規定，謝謝
　　　　　你的合作。

　　請問你聽得懂我所說的內容嗎？

3、請以中文解釋一下以下的名詞

　　（1）迴避

　　（2）正當程序（程序正義）

　　（3）想像競合

　　（4）「應」、「得」

（5）有無前科

4、請以法院通譯時之結文內容為主要傳譯的對策（絕無匿、飾、增、

　　減的方式）來通譯下面這一段英文標語：We do chicken right.

以上請以 A4 紙寫上你的名字後做答（可用電腦打字）上課前先交給我，

上課時請告訴我你為何要這樣翻，你依據的原理是什麼？你傳譯的策略又

是什麼？你如何決定你的傳譯策略？

第二次作業

今天的作業！先給大家！

　題目如下：

1、除了老師在今天的講義中所提到的司法通譯實務操作上遇到的難題這4點（法律名詞無法對等轉換的窘境、司法通譯倫理行為要求無法確實做到、傳譯原理應用方式的選擇二難及傳譯對象知識程度差異等四項之外），進行司法通譯時還可能會發生哪些困難？請大家以自己的經驗現身說法，或是他人的經驗分享，舉有代表性案件一例就可以。

2、請上網查詢中華民國憲法第8條，下載中文，自行用手寫，整齊的重新再用手抄錄一遍，同時根據老師上課時的解釋，用自己所理解的內容再重新解釋一次（重點是這第8條在定義什麼？在保護什麼？用你自己的白話方式說明一次）。

3、依據上題，憲法第8條中有提審的規定，請用白話解釋提審法的真實意義為何？

4、請解釋何謂現行犯，何謂準現行犯？若非這二者，何又謂非現行犯？請用白話文解釋。

5、請用翻譯原理之「目的論」的原理邏輯與「對等論」的補充手法來詮釋以下這段問話（請用白話文解釋）。

** 註、先用意譯（目的論）方式說明，再補充直譯（對等論）的法律用詞方式，同時請注意酒駕在法律上的定義，並請寫出二種以上的版本）

你現在涉嫌 公共危險 （酒駕）案，於受詢問時，得行使下列權利：

一、得保持緘默，無須違背自己之意思而為陳述。

二、得選任辯護人（律師）。如為低收入戶或是中低收入戶、原住

　　民或是其他依法令得請求法律扶助者，得請求之。

三、得請求調查本案對你有利之證據。

上述權利你是否知悉？

第三次作業

下次上課時請同學先用你精通的外語背頌這一段（不可以看上次的答案）

　　你好，我是來協助你這件案件的通譯，等一下在案件調查的時候，請依照我傳譯的問題回答，我也會依據你的回答傳譯給承辦人知悉，同時在進行案件調查的時候，除了與案件有關的翻譯內容之外，我們不能做其他交談，也請你與我配合這項規定，謝謝你的合作。

　　請問你聽得懂我的○○語嗎？

　　我們若有機會可以討論這一個題目

附帶民事求償 http//m.appledaily.com.tw/realtimenews/article/local/20161014/967741/

〈被遺忘的程序正義：處男的眼淚〉

　　一、請看完上述故事之後，寫出你的感想。

　　二、在司法訴訟的過程中，認罪協商是個重點，若今天法官要求原告及被告就本案進行認罪協商程序請你協助傳譯，請問，就你所知的認罪協商程序，請回答下列問題：

　　1、什麼是認罪協商？

　　2、於被告有什麼好處？

　　3、它的條件是什麼？

　　最後，老師想知道，你如何用你自己的話，告訴被告，什麼是認罪協商？（這段請用你所熟悉的外語描述）

第四次作業

下次來上課前，請繳交以下作業：

一、請寫下你所認知的家暴性侵的受理、通報流程（以通譯人向被害
者的角度來解釋）（中、外文）。

二、請用你所熟悉的外語來解釋下列法律名詞與狀況（向犯罪嫌疑人
說明）。

1、妨害公務罪（135）（打警察或公務員）

對於公務員依法執行職務時，施強暴脅迫者，處三年以下有
期徒刑、拘役或三百元以下罰金。

2、公共危險罪（185-3）酒後開車

駕駛動力交通工具而有下列情形之一者，處二年以下有期徒
刑，得併科二十萬元以下罰金：

（1）、吐氣所含酒精濃度達每公升零點二五毫克或血液中酒
精濃度達百分之零點零五以上。

（2）、有前款以外之其他情事足認服用酒類或其他相類之
物，致不能安全駕駛。

（3）、服用毒品、麻醉藥品或其他相類之物，致不能安全
駕駛。

因而致人於死者，處三年以上十年以下有期徒刑；致重傷者，

處一年以上七年以下有期徒刑。

3、偽造文書印文罪（~214）（行使偽變造護照）

明知為不實之事項，而使公務員登載於職務上所掌之公文書，足以生損害於公眾或他人者，處三年以下有期徒刑、拘役或五百元以下罰金。

4、妨害性自主罪（221.224 強制猥褻）

對於男女以強暴、脅迫、恐嚇、催眠術或其他違反其意願之方法而為性交者，處三年以上十年以下有期徒刑。

前項之未遂犯罰之。

對於男女以強暴、脅迫、恐嚇、催眠術或其他違反其意願之方法，而為猥褻之行為者，處六月以上五年以下有期徒刑。

對配偶犯第 221 條、第 224 條之罪者，或未滿十八歲之人犯第 227 條之罪者，須告訴乃論。

5、妨害風化罪（230 亂倫）

與直系或三親等內旁系血親為性交者，處五年以下有期徒刑（告訴乃論）。

6、傷害罪（277.278.279）、打架

傷害人之身體或健康者，處三年以下有期徒刑、拘役或一千元以下罰金。犯前項之罪因而致人於死者，處無期徒刑或七年以上有期徒刑；致重傷者，處三年以上十年以下有期徒刑。

使人受重傷者，處五年以上十二年以下有期徒刑。

犯前項之罪因而致人於死者，處無期徒刑或七年以上有期徒刑。

第一項之未遂犯罰之。

當場激於義憤犯前二條之罪者，處二年以下有期徒刑、拘役或一千元以下罰金。但致人於死者，處五年以下有期徒刑。

7、性騷擾防制法（2.25）（特別法）（這題向被害人說明）

本法所稱性騷擾，係指性侵害犯罪以外，對他人實施違反其意願而與性或性別有關之行為，且有下列情形之一者：

（1）、以該他人順服或拒絕該行為，作為其獲得、喪失或減損與工作、教育、訓練、服務、計畫、活動有關權益之條件。

（2）、以展示或播送文字、圖畫、聲音、影像或其他物品之方式，或以歧視、侮辱之言行，或以他法，而有損害他人人格尊嚴，或造成使人心生畏怖、感受敵意或冒犯之情境，或不當影響其工作、教育、訓練、服務、計畫、活動或正常生活之進行。

意圖性騷擾，乘人不及抗拒而為親吻、擁抱或觸摸其臀部、胸部或其他身體隱私處之行為者，處二年以下有期徒刑、拘役或科或併科新臺幣十萬元以下罰金。

前項之罪，須告訴乃論。

8、毒品危害防制條例（特別法）請分別依下列條文解釋海洛因、大麻、安非他命屬我國的管制毒品第幾級，還有它所必須負

的刑事責任（向犯罪嫌疑人說明）本條例所稱毒品，指具有成癮性、濫用性及對社會危害性之麻醉藥品與其製品及影響精神物質與其製品。

毒品依其成癮性、濫用性及對社會危害性分為二級，其品項如下：

（1）、第一級：海洛因、嗎啡、鴉片、古柯鹼及其相類製品（P.185）。

（2）、第二級：罌粟、古柯、大麻、安非他命、配西汀、潘他唑新及其相類製品（P.185）。

毒品危害防制條例第 4 條

製造、運輸、販賣第一級毒品者，處死刑或無期徒刑；處無期徒刑者，得併科新臺幣二千萬元以下罰金。製造、運輸、販賣第二級毒品者，處無期徒刑或七以下有期徒刑，得併科新臺幣一千萬以下罰金。

做完這些功課之後，大概所有的人都知道，司法類的通譯，因為大部分的情況都處在二種不同的（語系）法源（法系），很多狀況下根本無法直翻，所以就不能一直採用對等論中「直譯」邏輯方式來達成，而是在大部分的狀態之下，採目的論中所提到的「策略」方式，才能完成司法傳譯的法律效果！

老師出了這些實例要大家先用白話來解譯，再依據你的解釋來完成傳

譯，也是基於這個邏輯思維，這也是執法人員（外事警察）一直以來的通譯方式。

當然這是分解動作，因為大部分的人法律基礎都不好，不能像老師一樣可以立即掌握相關法律的構成要件與重點，所以才要大家多練習這些實際常發生的案件，先給你們相關的法條，你自己也可以再去查閱一下更多相關的法條，再假設你今天要去傳譯，你如何向你的傳譯對象解釋這些可能涉及的法條，練多次一點，下次若有遇到別種情況的案件發生，相信你自己也可以像老師出給你的功課模式，自己去摸索出傳譯的方式，不久你們就出師了。

你們都冰雪聰明，舉一便可反三，唯一缺少的，就是實務的經驗。在接下來的幾堂課，將會以司法警察及移民機構的實務作為傳授，希望大家可以多吸收老師的實務經驗，好為將來的服務做好準備。

加油！

第五次作業

一、請先用白話文（非法律術語）解釋下列術語，同時依據你的解釋，以
　　你熟悉的語言譯出：

　　1、我要核對你的年籍資料。

　　2、對於○○證據，有何意見？

　　3、「本案更新審理程序」

　　4、強制性交／猥褻

　　5、乘機性交／猥褻

　　6、利用權勢性交／猥褻

　　7、對未成年人性交／猥褻

　　8、致被害人自殺

　　9、故意殺害被害

　　10、對未成年人犯罪，刑期加重至 1/2

二、請正確的以你所熟悉的語言，寫出下列這段起訴書的內容（或直接視
　　譯）：

「……被告為滿足其私慾，明知 A 女為智能障礙之人，竟於 104 年 10 月
下旬某日、同年 11 月中旬某日，分別基於乘機性交之犯意，以邀約 A 女
前往買菸為由，前後 2 次誘使 A 女與其外出，返回後將 A 女帶至大樓安
全門後方處，利用 A 女智能障礙致應變及自我保護能力較常人為弱而不
知抗拒之機會，以陰莖插入 A 女陰道內之方式性交得逞，共計 2 次。又

於105年2月間某日，基於乘機猥褻之犯意，以上開理由邀約A女外出後，返回至同前地點，利用A女智能障礙致應變及自我保護能力較常人為弱而不知抗拒之機會，以手撫摸A女下體之方式猥褻得逞1次。嗣經A女於105年10月中旬告知負責輔導A女之教保師，始查悉上情。」

三、請論述，如果在法庭從事通譯的過程中，對於人的部分，你應該用何種「人稱」來傳譯較為合適，原因為何？

　　1、對於傳譯的對象的轉譯（給承辦人時），你覺得應以何種人稱來做通譯給承辦人適合。

　　2、對於傳譯的對象以外的人之對話，例如法官對於他造或他的辯護律師、證人等的庭訊過程，你覺得應以何人稱來做轉譯給你的傳譯對象知悉？除了人稱之方式外，有無其他方式可以代替語言的傳譯窘困？

四、請模擬法庭審判庭在審判程序進行前，法官請你宣讀起訴書內容（網路上無法查詢，暫以法院裁判書代替），請你立即視譯，並且宣讀大概的內容給被告聽其內容。

第六次作業

一、請論述「司法通譯」的法律依據為何？

二、請各位同學將這些日子教給大家的實務經驗與歷次的作業考卷結
合，寫一份從事司法通譯工作應具備的詳細流程給我，這包括以
下內容（你自己要再加內容也可以）

1、出發前應準備什麼、注意什麼

2、到達後要注意什麼

3、開始服務時的流程（告知通譯的程序與規則等等）

4、對於傳譯人程度不同（情緒波動）等狀況，應用何種傳譯方式進
行轉譯（請說明各種狀況應使用的翻譯理論）

5、對於承辦人種種要求的應對、傳譯對象各種情況的應對、自己人
身安全、保密、迴避的注意

6、其他（可參考還沒有上過的 PPT 部分及講義最後的考題）

三、請同學寫下，你認為一個良善的司法通譯制度，至少應具備什麼
樣的條件，或是你心中認為，什麼是一個良好的司法通譯制度

四、對於本次上課內容，請同學給予批判與建議。

台北上課學員整理之筆記

　　以下是在台北地區向專業的譯者上課時，學員自己整理的筆記，其中對於各種法律的語詞之後自行詮釋後的白話版，筆者對於與法令內容不符之處，有稍加彙整一下，亦放在本書之中給初學司法通譯的人參考。但真實傳譯時的內容，應再依案件當事人的各種條件再稍做調整，以符合實際的狀況。

案件發生初步詢問筆錄前三項權益的告知（刑事訴訟法第95條）

正式筆錄常用語詞：	詮釋後之簡易白話版：
你現在涉嫌犯竊盜罪，依據我國刑事訴訟法的規定，在訊問過程中你有下列權利： 一、得保持緘默，無須違背自己之意思而為陳述。 二、得選任辯護人（律師）。 三、得請求調查本案對你有利之證據。 　　上述權利你是否知悉？ *備註： ・這裡的第二點「得選任辯護人」在102年1月23日刑事訴訟法修正之後現在尚有加入「如為低收入戶、中低收入戶、原住民或其他依法令得請求法律扶助者，得請求之。」之字樣。 ・但外國人因為沒有戶籍的關係，不會是社會局列冊登記有案的低收入戶、中低收入戶或更不可能是原住民。另外有關刑事訴訟法中第31條中所提到的要件「其他依法令得請求法律扶助者」 （也就是強制辯護案件與指定辯護人要件如下列。） ・於審判中未經選任辯護人者，審判長應指定公設辯護人或律師為被告辯護： 1、最輕本刑為三年以上有期徒刑案件。 2、高等法院管轄第一審案件。 3、被告因智能障礙無法為完全之陳述。 4、被告具原住民身分，經依通常程序起訴或審判者。 5、被告為低收入戶或中低收入戶而聲請指定者。 6、其他審判案件，審判長認有必要者。 ・一般外國人在行政調查的單位被詢問時，或是刑案的調查初階段時也幾乎不可能符合這些法律要件，所以在此請譯者視情況，並先和詢問筆錄的承辦人溝通，若可以不用翻譯出這些內容，就先別將這些文字刻意寫入，以免不翻還好，一翻出來之後又要再解釋更多的內容究竟為何，反而妨礙整體通譯案件的進行。	警方現在調查你偷人家的東西（也就就是竊盜罪），依據這個國家的規定（刑事訴訟法），在問你話的過程中你有下列三個權利： 一、你可以選擇回答或是不回答警方的問話，依照你自己的想法回答問題。 二、你可以請律師幫你，也可以放棄這個權利選擇不要請。 三、你可以請求警方調查這個案件對你有幫助的地方，也可以選擇不這樣做。 剛才這樣子說明這三點，你清楚你的權利了嗎？

提審法

法條內容與筆記：	簡詮釋後之簡易白話版：
• 人民被法院以外之任何機關逮捕、拘禁時，不論是否因為有犯罪嫌疑被逮捕、拘禁，本人或他人都可以用「書面或言詞」聲請提審，也就是要求見法官，請求法院即時介入審查行政機關剝奪人身自由行為是否合法。 • 人民被逮捕、拘禁時，逮捕、拘禁之機關應即將逮捕、拘禁之原因、時間、地點及得依本法聲請提審之意旨，以書面告知本人及其指定之親友，至遲不得逾二十四小時。 • 拘捕機關須告知本人及親友提審權，違者將被處以十萬元以下的罰金；此外，拘捕機關收到法院發出的提審票後，原則上應在二十四小時內，將人解交法院，違反者，最重可處三年徒刑，若法院駁回提審聲請，當事人可在十日內抗告，若再遭駁回不得再抗告。 • 本人或其親友不通曉國語者，第一項之書面應附記其所理解之語文；有不能附記之情形者，應另以其所理解之語文告知之。	• 若你被法院以外的政府單位抓起來、關起來，不管你是不是被懷疑有犯罪，你自己或是別人可以幫你，用白紙黑字或是口頭說明的方式，要求見法官，請法官看看這個抓你、關你的行為是不是合法的。 • 把你抓起來、關起來的公家單位在你或其他人幫你要求要見法官之後，要在二十四小時之內以白紙黑字的方式說明你被抓起來、關起來的原因、被關的時間多長、被關在哪裡，並告知你或是你指定的親戚朋友。 • 把你抓起來、關起來的公家單位應該要告訴你，你可以要求要見法官，否則這個單位會被罰十萬塊錢。這個抓你、關你的公家單位在收到法院通知後，要在二十四小時內把你帶到法院，否則最重的處罰是坐牢三年。如果你見法官的要求被法院拒絕，十天內可以再提，但是如果第二次被拒絕就不能再提這個要求。 • 如果你本人或親戚朋友不會說中文，抓你、關你的公家機關所寫的文件要附上你能讀懂的語言；如果沒辦法附上你能讀懂的語言，要用你能瞭解的另一種語言讓你知道。 ＊以上是法條內容的詮譯，但實際操作傳譯時，還是以當事人可以懂的話語說明即可，比如提審的規定，可以擇其重點向當事人說：「你如果認為警方（或政府單位）逮捕你這次的舉動是違法的，你也有權力要求見法官，請求法官來審查你這個案件在被逮捕的這個過程，或使用的法律是否合法。」

刑事案件訴訟程序專有名詞

	程序說明：	詮釋後之簡易白話版：
起訴	• 如果檢察官認為犯罪嫌疑人確有犯罪之嫌疑，且有以刑罰加以制裁之必要，則檢察官就會將這件案件訴請法院依法判決。	• 檢察官代表國家的公權力對你所犯案件提出控告。
緩起訴	• 被告所犯為死刑、或最輕本刑三年以上有期徒刑以外之罪，檢察官參酌刑法第五十七條所列事項及公共利益之維護，認以緩起訴為適當者，得定一年以上三年以下之緩起訴期間為緩起訴處分，其期間自緩起訴處分確定之日起算。	• 因為所犯的罪是較輕的罪，檢察官考慮後決定暫時不起訴你，但是要觀察你一到三年，而且你要完成檢察官依法律規定指定的幾件事情。 • 觀察期間若你再犯罪被捕，檢察官就會再次開始追訴你現在這個案子。
不起訴 （應不起訴）	• 刑事案件經過檢察官的偵查以後，發現在法律上是不能提起公訴的，也就是犯罪嫌疑不足或者具有其他法律規定不得起訴的原因，這時候就應該依刑事訴訟法第二百五十二條的規定，對這案件處分不起訴。	• 案件經過檢察官的偵查以後，發現按照目前的法律規範不能提起公訴，也就是犯罪嫌疑不足或者具有其他法律規定不得起訴的原因，因此檢察官不會對你提出告訴。
不起訴 （得不起訴）	• 犯罪的情節輕微，檢察官得不對此案件提出追訴。	• 檢察官調查案件後，認為你的犯罪情節不是很嚴重，決定原諒你不對你提出追訴。

認罪協商

認罪協商程序說明：	詮釋後之簡易白話版：
• 案件經檢察官向法院起訴或聲請簡易判決處刑後，只要起訴或聲請簡易判決處刑的法定刑不是死刑、無期徒刑、最輕本刑三年以上有期徒刑的案件，也不是由高等法院管轄的第一審案件，在第一審法院言詞辯論終結前或者簡易判決處刑之前，檢察官可以在徵詢被害人的意見後，主動或依被告或他的代理人、辯護人的請求，而且被告也認罪，就由檢察官向法院聲請進行協商程序，檢察官和被告可以就被告願意接受的刑度或願意接受緩刑的宣告等事項進行協商，經雙方達成合意，經過法院同意，雙方就可以在三十日內，針對下列事項進行協商： 1、被告願意接受科刑的範圍或願意接受緩刑的宣告。 2、被告向被害人道歉。 3、被告支付相當數額的賠償金。 4、被告向公庫或指定的公益團體、地方自治團體支付一定的金額等事項，於開庭以外的時間、地點，在沒有法官參與的情形下，進行協商。	• 你目前的案件已經被追訴，但是因為這個案件並不是非常嚴重的行為，現在審判辯論結束之前，你可以考慮聲請「認罪協商」，意思就是你可以選擇承認你的確有犯罪，然後和檢察官討論你可以接受的處罰內容，包括你承認犯罪後可以接受的處罰內容、或向被你傷害的人道歉、或是賠錢給被你傷害的人，或捐錢給公家單位或地方機構等等。

緩刑

法條規定條件與筆記：	詮釋後之簡易白話版：
緩刑： · 受二年以下有期徒刑、拘役或罰金之宣告，而有下列情形之一，認以暫不執行為適當者，得宣告二年以上五年以下之緩刑，其期間自裁判確定之日起算： 一、未曾因故意犯罪受有期徒刑以上刑之宣告者。 二、前因故意犯罪受有期徒刑以上刑之宣告，執行完畢或赦免後，五年以內未曾因故意犯罪受有期徒刑以上刑之宣告者。	**緩刑：** · 因為你的案件被法官判決要受的處罰是坐牢兩年以下的期間，或被關在法官指定的場所而且要做勞動服務、或是要繳交罰金，但是因為你以前沒有犯罪被判刑，也沒有坐過牢或被赦免之後五年內還犯罪被判刑的紀錄，因此法官決定讓你暫時不需要去執行這個處罰，而是選擇觀察你一段期間，看你有沒有再違法。
緩刑的法律效果： · 緩刑宣告，得斟酌情形，命犯罪行為人為下列各款事項： 一、向被害人道歉。 二、立悔過書。 三、向被害人支付相當數額之財產或非財產上之損害賠償。 四、向公庫支付一定之金額。 五、向指定之政府機關、政府機構、行政法人、社區或其他符合公益目的之機構或團體，提供四十小時以上二百四十小時以下之義務勞務。 六、完成戒癮治療、精神治療、心理輔導或其他適當之處遇措施。 七、保護被害人安全之必要命令。 八、預防再犯所為之必要命令。	**緩刑的法律效果：** · 但是你要完成下面幾件事情： 一、向被你傷害的人道歉。 二、寫一篇文章說明你確實知道自己犯了什麼錯。 三、賠錢給被你傷害的人。 四、交罰款給公家單位。 五、幫法院指定的單位做四十到二百四十小時的勞動服務。 六、完成戒癮治療、精神治療或心理輔導。 七、遵守有關保護被你傷害之人安全的規定。 八、遵守預防你再次犯罪的規定。
緩刑宣告撤銷： 一、緩刑期內因故意犯他罪，而在緩刑期內受逾六月有期徒刑之宣告確定者。 二、緩刑前因故意犯他罪，而在緩刑期內受逾六月有期徒刑之宣告確定者。	**緩刑宣告撤銷：** · 如果你在這段暫觀察的期間內，再一次犯罪而且被判要坐牢六個月以上，那麼現在給你改過的機會就會被取消。

筆錄製作重點

法條規定條件：	詮釋後之簡易白話版：
・刑法第57條（刑之酌科及加減）筆錄相關的問題經常以這些條件來設計問題的內容 ・科刑時應以行為人之責任為基礎，並審酌一切情狀，尤應注意下列事項，為科刑輕重之標準： 一、犯罪之動機、目的。 二、犯罪時所受之刺激。 三、犯罪之手段。 四、犯罪行為人之生活狀況。 五、犯罪行為人之品行。 六、犯罪行為人之智識程度。 七、犯罪行為人與被害人之關係。 八、犯罪行為人違反義務之程度。 九、犯罪所生之危險或損害。 十、犯罪後之態度。	・以下問題將來會作為檢察官起訴和法官決定你處罰的參考資料： 一、你做XX行為的時候，心裡在想什麼？你做XX行為是因為你想要達到什麼結果嗎？為什麼要這樣做？ 二、是受到什麼的影響才會做這件事？ 三、你是用什麼方法做的？用何種方式完成？ 四、（一般不會問，有必要時調查官會自己會寫在移送報告書或職務報告書之中） 五、（一般不會問，有必要時調查官會自己會寫在移送報告書或職務報告書之中） 六、你讀書讀幾年？你什麼學校畢業，你最高學歷為何？是否看得懂字？會中文嗎？等等。 七、你認識被你傷害的人嗎？你與他有什麼關係嗎？ 八、（一般不會問，有必要時調查官會自己會寫在移送報告書或職務報告書之中） 九、（一般不會問，有必要時調查官會自己會寫在移送報告書或職務報告書之中） 十、（一般不會問，有必要時調查官會自己會寫在移送報告書或職務報告書之中，但有時也有些執法人員也會問：你做了這件事有沒有後悔？算是看當事人可憐，幫他潤示一下悔意）

傷害罪

法條內容與筆記：	詮釋後之簡易白話版：
傷害罪 ・傷害人之身體或健康者，處三年以下有期徒刑、拘役或一千元以下罰金。 ・犯前項之罪因而致人於死者，處無期徒刑或七年以上有期徒刑；致重傷者，處三年以上十年以下有期徒刑。 ・使人受重傷者，處五年以上十二年以下有期徒刑。 ・犯前項之罪因而致人於死者，處無期徒刑或七年以上有期徒刑。 ・第一項之未遂犯罰之。 ・當場激於義憤犯前二條之罪者，處二年以下有期徒刑、拘役或一千元以下罰金。但致人於死者，處五年以下有期徒刑。	**跟人打架** ・把別人的身體弄傷了，或是讓別人因為你的行為要去看醫生，要處罰坐牢三年以下、或被關在指定的地點做勞動服務，或是要付一千元以下的罰金。 ・把人的身體弄受傷，後來這個人死了，處罰要一輩子坐牢，或是坐七年以上牢；若別人因為你的行為所受的傷害很嚴重，這個處罰是要坐牢最少三年到最高十年以下。 ・別人因為你的行為受傷得很嚴重沒有辦法恢復健康了，處罰是坐牢五年以上到最高十二年以下。 ・如果對方被你打傷得很重後來因此而死掉了，處罰是一輩子坐牢或是坐牢七年以上。 ・如果你本來打算把別人傷得很嚴重，但沒有成功，也是要處罰的。 ・如果你把人打傷，使人受輕傷或重傷，是因為被對方激怒所引起，那麼處罰是坐牢兩年以下、或被關在指定的地點做勞動服務、或繳交一千元以下的罰金。但如果這個受傷的人後來死掉了，處罰是坐牢五年以下。

偽造文書

法條內容與筆記：	詮釋後之簡易白話版：
偽造文書 ・偽造、變造私文書，足以生損害於公眾或他人者，處五年以下有期徒刑（210）。 ・偽造、變造公文書，足以生損害於公眾或他人者，處一年以上七年以下有期徒刑（211） ・明知為不實之事項，而使公務員登載於職務上所掌之公文書，足以生損害於公眾或他人者，處三年以下有期徒刑、拘役或五百元以下罰金（214）。 ・偽造、變造護照、旅券、免許證、特許證及關於品行、能力服務或其他相類之證書、介紹書，足以生損害於公眾或他人者，處一年以下有期徒刑、拘役或三百元以下罰金（216）。 ・行使第210條至第215條之文書者，依偽造、變造文書或登載不實事項或使登載不實事項之規定處斷。	**作假文件或使用假的證件** ・作假的文件或是修改自己真實文件上的內容，別人因為你做的假證明文件而有損失，是要處罰坐牢五年以下。 ・作假或修改公家單位所發出的文件，別人因為你做的公家的假文件而有損害，處罰是坐牢最少一年以上、七年以下。 ・你把某一件假的事情告訴政府機構的人，導致公務員把你說的假資料寫在他所發出的文件上，後來導致別人因為這份文件而有損失的話，處罰是坐牢三年以下、或被關在指定地點做勞動服務或支付五百元以下的罰金。 ・製造假的或修改真的護照、旅遊券、許可證、特許證書、用來證明你品德、能力的證書、介紹書，導致別人因為你做的假文件而有損失，處罰是坐牢一年以下、被關在指定地點做勞動服務或支付三百元以下的罰金。

公共危險（酒後駕車、不能安全動力駕駛）

法條內容：	詮釋後之簡易白話版：
酒後駕車 ・駕駛動力交通工具而有下列情形之一者，處二年以下有期徒刑，得併科二十萬元以下罰金： 一、吐氣所含酒精濃度達每公升〇.二五毫克或血液中酒精濃度達百分之〇.〇五毫克以上。 二、有前款以外之其他情事足認服用酒類或其他相類之物，致不能安全駕駛。 三、服用毒品、麻醉藥品或其他相類之物，致不能安全駕駛。 ・因而致人於死者，處三年以上十年以下有期徒刑；致重傷者，處一年以上七年以下有期徒刑。	・喝了酒之後又開車／騎機車／騎腳踏車開車／騎機車／騎腳踏車時，如果發生下面這些情況，處罰是坐牢二年以下，而且還要被罰處二十萬元： 一、吹氣檢查你喝了多少酒，濃度在〇.二五或〇.〇五毫克以上。 二、除了吹氣檢查以外，如果檢查的人發現還可以從其他事情可以知道你已經喝醉，而且醉到沒辦法好好開車／騎機車／騎腳踏車。 三、用毒品、迷幻藥或其他讓你頭腦不清楚的藥物，以致你沒辦法好好的開車／騎機車／騎腳踏車。 ・而且因為喝了酒之後又開車這樣把人撞死，處罰是坐牢三年以上十年以下；如果把別人撞得受了很嚴重的傷，你的處罰會是坐牢一年以上七年以下。

竊盜罪及加重竊盜罪

法條內容：	詮釋後之簡易白話版：
竊盜罪 ・意圖為自己或第三人不法之所有，而竊取他人之動產者，為竊盜罪，處五年以下有期徒刑、拘役或五百元以下罰金。 ・意圖為自己或第三人不法之利益，而竊佔他人之不動產者，依前項之規定處斷。 ・前二項之未遂犯罰之。	**偷別人東西** ・為了自己或別人把其他人的東西在對方不知道情況下拿走，就是偷東西的罪，處罰是坐牢五年以下或被關在指定的地點做勞動服務，或是被罰五百元以下的罰金。 ・為了自己或是別人的利益，佔用別人的房子或是土地，處罰和偷東西的罪一樣。 ・如果偷東西沒有偷成功，或是想要偷偷用別人的東西沒有成功，也一樣要受處罰。
加重竊盜罪 ・犯竊盜罪而有下列情形之一者，處六月以上、五年以下有期徒刑，得併科新臺幣十萬元以下罰金： 　一、侵入住宅或有人居住之建築物、船艦或隱匿其內而犯之者。 　二、毀越門扇、牆垣或其他安全設備而犯之者。 　三、攜帶兇器而犯之者。 　四、結夥三人以上而犯之者。 　五、乘火災、水災或其他災害之際而犯之者。 　六、在車站、埠頭、航空站或其他供水、陸、空公眾運輸之舟、車、航空機內而犯之者。 ・前項之未遂犯罰之。	**在某些情況下偷東西，處罰會加重** ・在下面的情況下偷別人的東西，處罰是最少坐牢六個月以上、五年以下，還可能被罰十萬元的罰金： 　一、闖到別人家裡或是有人住在裡面的房子、船或外面看不到的場所，去偷別人的東西。 　二、弄壞別人家的窗戶、門或圍牆，或是弄壞其他安全設備，然後去偷別人的東西。 　三、偷東西的時候有帶著會讓別人受傷或死掉的武器。 　四、三個人一起去偷東西。 　五、趁著有火災、水災或其他災難時去偷東西。 　六、在車站、港口、機場或大家都可以搭的公車上、船、飛機內，偷別人的東西。 ・如果在前面列出的情況下想要偷東西但沒有成功，也一樣要受處罰。

性騷擾

法條內容與筆記：	詮釋後之簡易白話版：
• 本法所稱性騷擾係指性侵害犯罪以外，對他人實施違反其意願而與性或性別有關之行為，且有下列情形之一者： 一、以該他人順服或拒絕該行為，作為其獲得、喪失或減損與工作、教育、訓練、服務、計畫、活動有關權益之條件。 二、以展示或播送文字、圖畫、聲音、影像或其他物品之方式，或以歧視、侮辱之言行，或以他法，而有損害他人人格尊嚴，或造成使人心生畏怖、感受敵意或冒犯之情境，或不當影響其工作、教育、訓練、服務、計畫、活動或正常生活之進行。 • 意圖性騷擾，乘人不及抗拒而為親吻、擁抱或觸摸其臀部、胸部或其他身體隱私處之行為者，處二年以下有期徒刑、拘役或科或併科新臺幣十萬元以下罰金。 • 前項之罪，須告訴乃論。	• 刑法上所說的強姦別人以外的行為，另外包括了在下面列出的情況，違反別人的意願做出與性或強調性別有關的行為，就是所謂的性騷擾： 一、威脅別人，如果不同意你要對別人做的事情，就會讓這個人沒工作、不能接受教育、訓練、服務，不能參加活動或是計畫 二、使用語言、圖畫、聲音、影像或其他方法，或講污辱或看不起對方的話或動作，傷害別人的自尊，讓對方害怕、感覺到你的惡意，或是藉此影響對方的工作、教育、訓練、服務、計畫、活動，或影響對方的生活。 • 對別人做出與性有關的騷擾行為，或是強吻別人、強行擁抱、強行摸別人的臀部、胸部或私處，處罰是坐牢兩年以下、被關在指定的地點做勞動服務，或是罰十萬元的罰款。 • 性騷擾是被騷擾的人有要提告，才會成立的案件。

性侵害

法條內容與筆記：	詮釋後之簡易白話版：
・稱性交者，謂非基於正當目的所為之下列性侵入行為： 一、以性器進入他人之性器、肛門或口腔，或使之接合之行為。 二、以性器以外之其他身體部位或器物進入他人之性器、肛門，或使之接合之行為。	・法律上規定的性交，意思是在不是為了有正當理由（例如醫生幫病人檢查）的情況下，做出下面的舉動： 一、用自己的生殖器官進入別人的生殖器官、肛門或嘴巴，或讓這兩個身體部位結合。 二、以生殖器官以外的物品或身體部位，進入其他人的生殖器官、肛門，或讓這兩個部分結合。

猥褻

法條內容與筆記：	詮釋後之簡易白話版：
・而性交以外滿足性慾的行為均可稱為猥褻。惟法律並無定義性規定。而依實務見解，猥褻指其行為在客觀上足以誘起他人性欲，在主觀上足以滿足自己性欲之謂。	・除了性行為之外，為了滿足性慾望的行為都可以稱為猥褻，法律實務上認為，猥褻行為是在從其他人的眼光看來，認為某一種行為可以讓別人有性興奮的感覺，而且對做這個行為的人而言，這種行為可以讓她（他）有性方面的滿足感，這類行為都是法律上所謂的猥褻。

家庭暴力

法條內容與筆記：	詮釋後之簡易白話版：
家庭暴力的定義 ・本法所稱家庭暴力者，謂家庭成員間實施身體或精神上不法侵害之行為。 ・本法所稱家庭暴力罪者，謂家庭成員間故意實施家庭暴力行為而成立其他法律所規定之犯罪。 ・本法所稱騷擾者，謂任何打擾、警告、嘲弄或辱罵他人之言語、動作或製造使人心生畏怖情境之行為。	家庭暴力這個法律名詞的意思 ・家庭暴力指的是傷害家庭成員（包含未同居親密關係伴侶）的身體和精神狀態。 ・故意傷害家庭成員的身體和精神狀態，是犯罪；這種傷害家庭成員的行為包括打擾、警告、嘲弄、侮辱謾罵的語言和動作，或是做出讓家庭成員覺得害怕的行為。

保護令（通常保護令、暫時保護令、緊急保護令）

法令規定內涵： （以下為告知被害者之內容）	詮釋後之簡易白話版： （以下為告知被害者之內容）
• 家庭暴力案件被害人得向法院聲請通常保護令、暫時保護令；被害人為未成年人、身心障礙者或因故難以委任代理人者，其法定代理人、三親等以內之血親或姻親，得為其向法院聲請之。	• 若你被家庭成員傷害，可以向法院聲請通常保護令、暫時保護令；若被家庭成員傷害的人是未成年人或是有身心上的障礙，可以找法定代理人、三親等以內之血親或姻親代替被害人申請保護令。
保護令內容內容 一、禁止相對人對於被害人、目睹家庭暴力兒童及少年或其特定家庭成員實施家庭暴力。 二、禁止相對人對於被害人、目睹家庭暴力兒童及少年或其特定家庭成員為騷擾、接觸、跟蹤、通話、通信或其他非必要之聯絡行為。 三、命相對人遷出被害人、目睹家庭暴力兒童及少年或其特定家庭成員之住居所；必要時，並得禁止相對人就該不動產為使用、收益或處分行為。 四、命相對人遠離下列場所特定距離：被害人、目睹家庭暴力兒童及少年或其特定家庭成員之住居所、學校、工作場所或其他經常出入之特定場所。 五、定汽車、機車及其他個人生活上、職業上或教育上必須品之使用權；必要時，並得命交付之。 六、定暫時對未成年子女權利義務之行使或負擔，由當事人之一方或雙方共同任之、行使或負擔之內容及方法；必要時，並得命交付子女。 七、定相對人對未成年子女會面交往之時間、地點及方式；必要時，並得禁止會面交往。 八、命相對人給付被害人住居所之租金或被害人及其未成年子女之扶養費。 九、命相對人交付被害人或特定家庭成員之醫療、輔導、庇護所或財物損害等費用。	**保護令能夠保護你什麼** 一、法官以直接下命令的方式去保護被家人傷害的人或親眼看過家庭暴力行為的兒童、少年或某一些家庭成員。 二、法官以直接下命令的方式去保護家人不被騷擾、接觸、跟蹤、打電話或寫信給你，如果在必要情況下也不可以跟你聯絡。 三、命令傷害你的家庭成員搬出去你住的地方；有必要的話，可以禁止傷害你的家庭成員處理房屋或土地的使用方式。 四、命令傷害你的家庭成員要和你保持一定的距離，也不可以接近有看到這件事的小孩或小朋友居住的地方、學校、工作的地方或其他他們經常出入的地方。 五、規定對方交出你要生活、工作、受教育而需要使用汽車、機車；必要的話可以命令對方交出汽車和機車。 六、暫時決定由你、對方或兩人一起負擔撫養和照顧未滿十八歲子女的責任，以及你們兩人要怎麼樣去照顧未滿十八歲之子女。 七、規定對方只能在保護令指定的時間、地點，用特定方式和未滿十八歲的子女見面；若有必要，保護令可以禁止對方會面子女。 八、命令對方負擔撫養你和未滿十八歲子女的租金和生活所需的費用。

十、命相對人完成加害人處遇計畫。 十一、命相對人負擔相當之律師費用。 十二、禁止相對人查閱被害人及受其暫時監護之未成年子女戶籍、學籍、所得來源相關資訊。 十三、命其他保護被害人、目睹家庭暴力兒童及少年或其特定家庭成員之必要命令。	九、命令對方交出你或家人所需要的醫藥費、輔導費、庇護所費用，或負擔財務損失的費用。 十、命令對方完成法律規定的治療或輔導。 十一、命令對方負擔因為這個案件而請律師的錢。 十二、命令對方不可以去查你和你照顧的未滿十八歲子女的戶籍資料、學籍資料、所得資料。 十三、按照你以及看到這件事的小孩的情況訂定如何保護你的內容。
違反保護之法律效果 ・警察人員發現家庭暴力罪之現行犯時，應逕行逮捕之，並依刑事訴訟法第九十二條規定處理。 ・檢察官、司法警察官或司法警察偵查犯罪認被告或犯罪嫌疑人犯家庭暴力罪或違反保護令罪嫌疑重大，且有繼續侵害家庭成員生命、身體或自由之危險，而情況急迫者，得逕行拘提之 ・被告經法官訊問後，認為犯違反保護令者、家庭成員間故意實施家庭暴力行為而成立之罪，其嫌疑重大，有事實足認為有反覆實行前開犯罪之虞，而有羈押之必要者，得羈押之。 ・違反法院依第十四條第一項、第十六條第三項所為之下列裁定者，為本法所稱違反保護令罪，處三年以下有期徒刑、拘役或科或併科新臺幣十萬元以下罰金： 一、禁止實施家庭暴力。 二、禁止騷擾、接觸、跟蹤、通話、通信或其他非必要之聯絡行為。 三、遷出住居所。 四、遠離住居所、工作場所、學校或其他特定場所。 五、完成加害人處遇計畫。	**違反保護令會怎樣** ・警察發現有人正在做違反法官命令的家庭暴力的行為，可以馬上逮捕，並依照法律（刑事訴訟法第九十二條）的規定處理。 ・檢察官、警察或按照法律規定有權能逮捕罪犯的人，在經過調查後，認為嫌疑人或被告很有可能有做出家庭暴力的行為或是有違反保護令，而且還可能會繼續傷害家人，並且情況急迫，可以直接抓起來。 ・法官審問被告後，認為被告違反保護令的規定，而且家庭成員之間有故意做出家庭暴力行為的，且有明確證據可以證明被告是一直重複做出家庭暴力的行為，因此認為有必要暫時把被告關起來的話，可以這麼做。 ・違反保護令的規定或相關法令的規定，處罰是坐牢三年以下、被關在指定地點做勞動服務，還可能要繳十萬元以下的罰款： 一、不可以對家庭成員做出家庭暴力的行為。 二、不可以打擾、見面、跟蹤、通電話、寫信，或做不必要的聯絡。 三、搬離原本與家人一起居住的地方。 四、不可以接近家人居住的地方、工作的地方、學校或其他特定的場所。 五、完成保護令指定的輔導計畫內容。

製造、運輸、持有、販賣毒品之罪

正式語氣版：	詮釋後之簡易白話版：
• 製造、運輸、販賣第一級毒品者，處死刑或無期徒刑；處無期徒刑者，得併科新臺幣二千萬元以下罰金。 • 製造、運輸、販賣第二級毒品者，處無期徒刑或七年以上有期徒刑，得併科新臺幣一千萬元以下罰金。 • 製造、運輸、販賣第三級毒品者，處七年以上有期徒刑，得併科新臺幣七百萬元以下罰金。 • 製造、運輸、販賣第四級毒品者，處五年以上十二年以下有期徒刑，得併科新臺幣三百萬元以下罰金。 • 製造、運輸、販賣專供製造或施用毒品之器具者，處一年以上七年以下有期徒刑，得併科新臺幣一百萬元以下罰金。 • 前五項之未遂犯罰之。	• 製作、運送、兜售台灣政府所規定的第一級毒品，處罰是死刑或一輩子坐牢；被法院判定要坐牢一輩子的人，還可能要付二千萬元以下的罰款。 • 製作、運送、兜售第二級毒品，處罰是一輩子坐牢或坐牢七年；被法院判定要坐牢七年的人，還可能要付一千萬元以下的罰款。 • 製作、運送、兜售第三級毒品，處罰坐牢七年，還可能要付七百萬元以下的罰款。 • 製作、運送、兜售第四級毒品，處罰坐牢五年，還可能要付三百萬元以下的罰款。 • 製作、運送、兜售使用毒品時需要用到的工具，處罰是坐牢一年以上七年以下，還可能要付一百萬以下的罰款。 • 想做前面五條規定的事情但是沒有做成，也一樣要被處罰。
• 意圖販賣而持有第一級毒品者，處無期徒刑或十年以上有期徒刑，得併科新臺幣七百萬元以下罰金。 • 以強暴、脅迫、欺瞞或其他非法之方法使人施用第一級毒品者，處死刑、無期徒刑或十年以上有期徒刑；處無期徒刑或十年以上有期徒刑者，得併科新臺幣一千萬元以下罰金。 • 施用第一級毒品者，處六月以上五年以下有期徒刑。 • 施用第二級毒品者，處三年以下有期徒刑。	• 為了要賣給別人所以自己手上有第一級毒品，處罰是一輩子坐牢或是坐牢十年以上，還可能要付七百萬元的罰款。 • 強迫、威脅或欺騙別人，使別人使用第一級毒品，處罰是死刑、一輩子坐牢或坐牢十年以上；若法院決定的處罰是一輩子坐牢或坐牢十年以上，還可能要被罰一千萬以下的罰款。 • 自己使用第一級毒品，處罰是坐牢六個月以上或五年以下。 • 自己使用第二級毒品，處罰是坐牢三年以下。
• 意圖供製造毒品之用，而栽種罌粟或古柯者，處無期徒刑或七年以上有期徒刑，得併科新臺幣七百萬元以下罰金。 • 意圖供製造毒品之用，而栽種大麻者，處五年以上有期徒刑，得併科新臺幣五百萬元以下罰金。 • 前二項之未遂犯罰之。	• 為了要賣給製作毒品的人而種罌粟或古柯，處罰是坐牢一輩子或坐牢七年以上，還可能要付七百萬的罰款。 • 為了賣給製作毒品的人而種大麻，處罰是坐牢五年以上，還可能要支付五百萬以下的罰款。 • 想做前兩條規定的事情但是沒有做成，也一樣要被處罰。

毒品名稱（直譯即可）

第一級毒品（除特別規定外，皆包括其異構物Isomers、酯類 Esters、醚類Ethers、及鹽類Salts）
    1、乙醯托啡因（Acetorphine）
    2、古柯鹼（Cocaine）
    3、二氫去氧嗎啡（Desomorphine）
    4、二氫愛托啡因（Dihydroetorphine）
    5、愛托啡因（Etorphine）
    6、海洛因（Heroin）
    7、酚派丙酮（Ketobemidone）
    8、鴉片（阿片）（Opium）
    9、嗎啡（Morphine）

第二級毒品（除特別規定外，皆包括其異構物Isomers、酯類Esters、醚類Ethers及鹽類Salts）
    1、乙醯-阿法-甲基吩坦尼（Acetyl-alpha-methylfentanyl）
    2、乙醯二氫可待因（Acetyldihydrocodeine）
    3、4-溴-2,5-二甲氧基安非他命（Brolamfetamine、4-Bromo-2,5-dimethoxyam-phetamine、DOB）
    4、大麻（Cannabis、Marijuana、Marihuana）【不包括大麻全草之成熟莖及其製品（樹脂除外）及由大麻全草之種子所製成不具發芽活性之製品】
       【Does notinclude the mature stems of entire cannabis plants and their products（except resins）and products of the seeds of entire cannabis plans that are not capable of germination.】
    5、大麻脂（Cannabis resin）
    6、大麻浸膏（Cannabis extracts）
    7、大麻酊（Cannabis tinctures）
    8、卡吩坦尼（Carfentanyl）

第三級毒品（除特別規定外，皆包括其異構物Isomers、酯類Esters、醚類Ethers及鹽類Salts）
例如：
愷他命（Ketamine）
可待因（Codeine）【製劑含量每100毫升（或100公克）1.0公克以上，未滿5.0公克】【Codeine preparation with a content more than 1.0 gram and lessthan 5.0 grams of codeine per 100 milliliters（or 100 grams）】

第四級毒品（包括毒品先驅原料，除特別規定外，皆包括其異構物Isomers、酯類Esters、醚類Ethers及鹽類Salts）
例如毒品先驅原料：
    1、麻黃鹼（Ephedrine）
    2、麥角新鹼（Ergometrine、Ergonovine）
    3、麥角胺鹼（Ergotamine）
    4、麥角酸鹼（Lysergic acid）
    5、甲基麻黃鹼（Methylephedrine）

行政調查類：違反就業服務法（樣態一：非法工作）

法條內容：	詮釋後之簡易白話版：
・外國人未經雇主申請許可，不得在中華民國境內工作。 ・任何人不得非法容留外國人從事工作。 ・任何人不得媒介外國人非法為他人工作。	・老闆沒有先向政府申請你在臺灣的工作許可的話，你不可以在臺灣工作。 ・所有的人都不可以違反臺灣法律的規定，讓沒有申請工作許可的外國人在臺灣工作。 ・不可以隨便幫外國人介紹工作非法打工。

違反就業服務法（樣態二：從事許可以外的工作）

法條內容：	詮釋後之簡易白話版：
雇主不得指派外所聘僱之外國人從事許可之外之工作。	老闆不可以叫自己請的外國人去做政府不允許的工作。

違反就業服務法
（樣態三：違反入出國移民法 **29** 條的規定；從事與許可停留、居留原因不符之活動或工作）

法條內容：	詮釋後之簡易白話版：
外國人在我國停留、居留期間，不得從事與許可停留、居留原因不符之活動或工作。	外國人在臺灣的時候，不可以做那些與當初核准你來臺灣簽證上的原因不一樣的事或活動。

行方不明外勞／外國勞工擅自離開工作場所／逃逸外勞／無證移工

法條內容：	詮釋後之簡易白話版：
・行方不明外勞（逃逸外勞、無證移工） ・受聘僱之外國人有連續曠職三日失去聯繫或聘僱關係終止之情事，雇主應於三日內以書面通知當地主管機關、入出國管理機關及警察機關。 ・受聘僱之外國人有曠職失去聯繫之情事，雇主得以書面通知入出國管理機關及警察機關執行查察	・外國移民勞工來臺灣之後擅自離開工作場所、證件失效的外籍勞工、從雇主家偷跑的外勞。 ・來臺灣工作的外國人，沒有交代原因（沒有請假）就連續三天沒去上班，也找不到人，或是有發生讓老闆開除外國勞工的事情，老闆要負責在三天內通知當地管理外國勞工的機構、移民署及警察機關知道。 ・老闆請來的外國人沒有請假就沒來上班，老闆可以用寫公文的方式通知移民署及警察機關，請他們找人。

行政調查類（外國人逾期居留或停留）

法令規定內容：	詮釋後之簡易白話版：
依入出國及移民法規定，依據簽證申請之目的，對外國人核發居留簽證（一百八十天以上）或停留簽證（六十天以上），若在臺停留、居留之目的消失，主管機關撤銷或廢止當事人之停留或居留許可之後，將衍生逾期居留或停留之問題。 **逾期居、停留的筆錄重點：** 1、年資（中、英文、性別、出生日期、國籍、護照號碼、在臺地址、教育程度、電話） 2、是否通曉中文、身體健康情況，在臺期間有無犯罪？ 3、為何在場做筆錄？（違法原因） 4、何時來臺灣、持何種簽證、來臺目的、從何處入境？ 5、來臺以後有無從事其他不法工作？（若有從事非法工作依就業服務法規定要件再詳加詢問過程） 6、護照在那裡，護照效期有無過期？ 7、有沒有能力購買回程機票及付罰款的錢？	按照臺灣對外國人申請簽證後來臺灣的規定，按照你原本來臺灣的理由，會發給你臺灣可以住超過一百八十天的居留簽證或是讓你可以在臺灣停留六十天的停留簽證。如果你當初申請簽證的理由已經不存在，而移民署取消你的停留或居留許可，就可能會有逾期居留或停留的問題。 **逾期居、停留的筆錄中，比較重要的問題包括：** 1、姓名、幾歲、男生還是女生、哪一國的人、護照上的號碼、在臺灣住在哪裡、讀書讀到什麼程度、聯絡的電話？ 2、會不會講中文、有沒有生什麼病、在臺灣的這段時間有沒有曾經違法被抓到警察局的紀錄過？ 3、你現在被警察問話是因為什麼事情？ 4、什麼時候來臺灣的？來的時候是拿哪一種簽證進來？為什麼來臺灣？到臺灣的時候是從哪個機場進來的？（這些通常執法單位會先查好電腦中的資料，直接打上去要被訊問的人這麼回答，因為被訊問人自己也不清楚） 5、來臺灣之後有沒有偷偷跑去工作？（若有從事非法工作依就業服務法規定要件再詳加詢問過程） 6、你的護照現在有沒有在你身上？沒有的話在誰身上？ 7、有沒有錢買機票回家？因為你簽證過期了，要被罰錢，你有沒有錢付罰款？

逃逸外勞筆錄重點

正式筆錄常用語詞：	詮釋後之簡易白話版：
・來我國目的為何？（何人所僱用） ・為何逃跑，是否有人口販運防制的情況？ ・原雇主是否虐待、苛扣薪資、護照及居留證在何處？ ・逃跑後的動向？ ・逃跑時有無非法仲介、有無非法工作、有無非法雇主？ ・非法工作薪資何人給付、何人支配工作、工作項目為何，地點在何處？ ・逃跑後居住何處，何人容留？ ・被警方查獲時的事證再次確認（照片、影像及薪水單等等） ・有無能力付逾期停留罰金、遣返機票款？	・你的老闆是誰？本來申請來臺灣是要做什麼樣的工作？ ・為什麼偷偷跑掉？（從回答中觀察是否有人口販運防制的情況例如不當的勞力剝削、性剝削等人口販運防制中的法律條件情況） ・老闆有沒有打你罵你、或是不讓你吃飯、不讓你休息？有沒有給你錢？給你的錢有沒有少？你的護照和居留證現在有沒有在你身上？ ・你離開工作地之後去了哪裡？ ・你離開合法的老闆家之後，有沒有去工作？有的話，是誰幫你介紹工作的、後來那個老闆是誰？ ・你離開原來老闆之後找的工作，是誰付錢給你？誰叫你去工作？你做什麼樣性質的工作？工作地點在哪裡？ ・你離開原來老闆之後住在哪裡？誰讓你住在那個地方？ ・這是警察找到你的時候拍的照片、影片，還有找到的其他資料，你看一下，這些資料上是不是你？ ・有沒有錢買機票回家？因為你違法工作、證件過期所以要被罰錢，你有沒有錢付逾期罰款？

台灣司法通譯協會會員專業倫理及通譯實務經驗測驗

以下考題是基礎概念題，讀者可以自行作答看會不會，難度不高，可用來當進修之後的自我實力評量測驗，至於標準答案部分，筆者會於臉書社團（FB）上設一粉絲團（司法通譯 Q&A），有興趣的讀者可以自行上網詢問答案或相關問題。

專業倫理及通譯實務經驗測驗

是非題（○、×）每題 2.5 分、共 45 分

（　）1、司法通譯的制度，是檢視一個國家是否重視基本人權的指標之一。

（　）2、刑事訴訟、民事訴訟及行政訴訟等三大類型的通譯案件，都是屬於司法通譯的範疇。

（　）3、只要我會說國語及第二種語言（母語），就可以從事「司法通譯」的工作。

（　）4、家暴事件、外國人非法工作及外國人違反刑法案件的通譯，都是屬司法通譯的一種。

（　）5、沒有經過我們協會內部的組長或聯絡人指派，由司法單位承辦人直接打電話給向我說要求我去幫忙做司法通譯，因為不好意思拒絕，所以我還是必須去幫忙。

（　）6、當我知道被通譯的對象與我有親戚關係，或是私下我們是好朋友時，我必須主動告知案件承辦人，並且拒絕這一次的通譯。

（　）7、通譯對象說的語言和我家鄉的很不一樣，實在聽不太懂，但他是從我的母國來的同胞，所以我還是可以幫忙他在公家機關傳譯這次的案件。

（　）8、通譯對象的老公（老婆）是我介紹的，他也時常來我家買東西，是我店鋪的常客，他如果在警察局或是法院、移民署等司

法單位有事被問話，需要別人幫忙通譯，我當然要幫他的忙才
夠義氣。

( )9、當我到警察局、派出所及法院、移民署等政府機關協助做司法
通譯時，不小心把案件情況和我的好朋友或是家人一起分享，
造成當事人的損害及丟臉，我不用承擔法律上的責任。

( )10、我到派出所、警察局、移民署等政府機關協助做司法通譯時，
筆錄已經先都做好了，筆錄的內容、文字內容都不用管，只要
幫忙在筆錄最後簽名就可以領錢。

( )11、當我到派出所、警察局、移民署等政府機關做司法通譯時，筆
錄做完後可以直接在筆錄上簽名了，不需要核對所翻譯的內容
是不是我剛講的一樣。

( )12、當我到派出所、警察局、移民署及法院等政府機關協助做司法
通譯時，我要注意我在通譯的過程是否是有錄音，筆錄做完後
如果筆錄內容我不瞭解，還要請承辦人（書記官）從頭到尾唸
一次給我聽，確認沒錯之後，才可以在筆錄上簽名。

( )13、當我到派出所、警察局、移民署等政府機關協助做司法通譯時，
我應該先要求瞭解大概的案情及確認所通譯的對象是否有要迴
避的情形。

( )14、當我到派出所、警察局、移民署、法院等政府機關協助做司法
通譯時，為了協助案件偵辦順利關係，取得被通譯者的信任，
可以先和對象聊天並告訴他我的姓名、住址及聯絡電話。

( )15、當我到派出所、警察局、移民署、法院等政府機關協助做司法
通譯時，如果被通譯的對象向我恐嚇、威脅及利誘，我要立即
向承辦人、協會組長立即反應。

( )16、當我到派出所、警察局、移民署等政府機關協助做司法通譯時，
對於不合理的要求我可以拒絕，同時向我的所屬組長反應，請

他們立即處理。

（　）17、對於任何司法通譯的案件，都可以自已向承辦單位要求自已認為的合理報酬。

（　）18、在從事司法通譯的工作過程有任何狀況，我都必須向我的所屬組長報告我這次通譯工作進行的狀況。

選擇題（單選）　每題 2.5 分、共 35 分

（　）1、下列何種類別的案件是屬於司法通譯的範圍？①刑事訴訟類案件②民事訴訟類案件③行政訴訟類案件④以上皆是。

（　）2、以司法通譯的「場地」來區分，司法通譯又可分為下列何者？①現場通譯②非現場通譯③(1)(2)皆是④以上皆非。

（　）3、以司法通譯的「方式」做分類，在實務上是屬於何類型的通譯？①同步通譯②非同步（逐步）通譯③(1)(2)皆是④以上皆非。

（　）4、依我國法律規定，司法通譯因為法庭（警政詢問）筆錄都是以一問一答的方式在進行，所以依這種規定來分類，司法通譯是屬於？①非同步（逐步）通譯②同步通譯③(1)(2)皆是④以上皆非。

（　）5、從事通譯工作者為何要認識司法通譯制度為何？①因為司法案件上的傳譯服務是語言不通者的基本人權之一②它是政府必須免費提供給語言不通者的一種制度③這種制度是司法程序正義的重要環節之一④以上皆是。

（　）6、司法通譯會涉及到許多的法律上的問題，它的特性為下列何者？①它涉及到兩種不同語言的轉換問題②它涉及到在不同法律制度下的法律思想觀念傳遞和溝通③(1)(2)皆是④以上皆非。

（　）7、下列何者是屬於司法通譯人的「專業」能力內涵？①內容正確與精準②通譯人嚴格遵守倫理規範③(1)(2)皆是④以上皆非。

（　）8、下列何者是司法通譯人的必須要遵守的「倫理規範」？①要自己注意並實踐迴避原則②不可洩露在傳譯過程所知悉當事人的事、物③不要自告奮勇的「招攬」或接受邀約通譯案件④以上皆是。

（　）9、要如何才能稱的上是一個「專業」的司法通譯，並且贏得相關當事人的尊重與信賴？①確實遵守司法通譯人的「倫理規範」②未經所屬單位或是協會組長同意或派遣，便主動接受通譯工作③與朋友談譯過程的八卦事件④只要有錢領，叫我簽哪裡都沒有問題，我都全力配合。

（　）10、當我到派出所、警察局、移民署等司法警察機關協助司法案件傳譯時，對於不合理的要求我如何處理？①當場拒絕要求②向所屬組長及派遣人報告並要求立即處理③在筆錄上不簽名負責④以上皆是。

（　）11、司法通譯工作在出發前要注意下列何項？①不要冒然的、主動接受邀約②要問清楚傳譯什麼類型的案件、何時、到何處、向何人報到③要問清楚通譯對象的背景為何，以便確定是否有迴避的事由④以上皆是。

（　）12、司法通譯是為了要保障基本人權，而在傳譯進行的過程中，應注意下列何項？①在尚未正式通譯前，可要求先與被通譯人及承辦人做與案情有關的溝通②要求全程錄音／影③通譯完畢要仔細閱讀筆錄內容，如果不是非常確定筆錄內容是否和你的通譯一致，一定要請筆錄製作人逐字朗讀並確定筆錄句子內容涵意為何④以上皆是。

（　）13、為了保障通譯自己的權益，在傳譯進行的過程中，通譯人應注意下列何項？①要求通譯的單位、承辦人要對自己的姓名、聯絡方式保密②在案件進行中，若有其他可能的危害產生，應要

求立即排除③對不合理的要求可以拒絕並立即反應派遣單位處理④可以經由協會請求合理的報酬(5)以上皆是。

（　）14、司法通譯過程中應使用何種語言和被傳譯者溝通？①官方語②地方方言③客家語④通譯對象使用之母語。

簡答題

請用你所傳譯的語言，翻譯出下列句子：

（1）、你現在涉嫌犯竊盜罪，依據我國刑事訴訟法的規定，在訊問過程中你有下列權利：（本題 10 分）

一、得保持緘默，無須違背自己之意思而為陳述。

二、得選任辯護人（律師）。（如為低收入戶、中低收入戶、原住民或其他依法令得請求法律扶助資格者，得依法請求）。

三、得請求調查本案對你有利之證據。上述權利是否瞭解？

翻譯：

（2）、上述所陳述內容經通譯人以越南語朗讀於被訊問人確認無訛後始簽名捺印。（本題 5 分）

翻譯：

（3）、請向監考官以中文正確的口述這段話，並解釋這段話的涵義。（本題 5 分）

今到庭為 106 年度　字第　號案通譯，當據實陳述，絕無匿、飾、增、減，如有虛偽之陳述，願受偽證罪之處罰，謹此具結。

　　　此致

臺灣高雄地方法院檢察署

中華民國　年　月　日

https://www.youtube.com/watch?v=OEJ1Hlx80Q8

https://www.youtube.com/watch?v=w9lr2Fb8Jcw

台灣司法通譯協會基礎專業倫理及通譯實務經驗測驗

是非題（○、╳）每題 2 分、共 36 分

（　）1、　凡是在公法上的刑事訴訟、民事訴訟及行政訴訟等三大類型的通譯案件，都是屬於司法通譯。

（　）2、凡涉及相關當事人的 生命、身體 、自由 、財產等法律上權益的得、喪、變、失等等過程，需要你去協助傳譯給當事人知悉他在法律上的權益，這種類型的案件，都屬於司法通譯的案件。

（　）3、只要能夠說國語及第二種語言（母語），就可以從事「司法通譯」的工作，不用理會我在案件當中的角色是否恰當。

（　）4、我可以自告奮勇向承辦單位自我推薦擔任某種語言的傳譯工作。

（　）5、公民政治權利國際公約及我國國內之二權公約施行法的精神及規範是，司法通譯制度的法源依據之一。

（　）6、當我知道被通譯的對象與我有親戚關係，或是私下我們是好朋友時，雖然沒有法律上應迴避的原因，但我必須主動告知案件承辦人，並且拒絕這一次的通譯。

（　）7、通譯對象說的語言和我家鄉的很不一樣，實在聽不太懂，但他是從我的母國來的同胞，所以我還是可以幫忙他在公家機關傳譯這次的案件。

（　）8、通譯對象的老公（老婆）是我介紹的，他也時常來我家買東西，是我店鋪的常客，他如果在警察局或是法院、移民署等司法單位有事被問話，需要別人的幫忙傳譯，我要發揮所學，學以致用的去幫忙他做司法通譯工作。

（　）9、我到政府司法單位及機關協助做司法通譯通譯時，不小心把案件情況和我的好朋友或是家人一起分享，造成當事人的損害及丟臉，我不用承擔法律上的責任。

（　）10、我到政府司法單位及機關協助做司法通譯通譯時，筆錄已經先
　　　　都做好了，筆錄的內容、文字內容都不用管，只要幫忙在筆錄
　　　　最後簽名就可以領錢。

（　）11、當我做司法通譯時，筆錄做完後可以直接在筆錄上簽名了，不
　　　　需要核對所翻譯的內容是不是與我剛講的一樣。

（　）12、當我到派出所、警察局、移民署及法院等政府機關協助做司法
　　　　通譯時，我要注意我在通譯的過程是否有錄音，筆錄做完後如
　　　　果筆錄內容我不瞭解，還要請承辦人（書記官）從頭到尾唸一
　　　　次給我聽，確認沒錯之後，才可以在筆錄上簽名。

（　）13、我到政府司法單位及機關協助做司法通譯時，我應該先要求瞭
　　　　解大概的案情及確認所通譯的對象是否有要迴避的情形。

（　）14、我到政府司法單位及機關協助做司法通譯時，為了協助案件偵
　　　　辦順利關係，取得被通譯者的信任，可以先和對象聊天並告訴
　　　　他我的姓名、住址及聯絡電話。

（　）15、我到政府司法單位及機關協助做司法通譯時，如果被通譯的對
　　　　象向我恐嚇、威脅及利誘時，我要立即向承辦人、協會組長立
　　　　即反應。

（　）16、我到政府司法單位及機關協助做司法通譯時，對不合理的要求
　　　　我可以拒絕，同時立即向我的所屬組長反應，請他們立即處理。

（　）17、對於任何司法通譯的案件，有關報酬的給付，可以自己向承辦
　　　　單位要求自己認為的合理報酬。

（　）18、為了保障我自己的權益，在從事司法通譯的工作過程有任何狀
　　　　況，我都必須向我的所屬組長報告這次通譯工作進行的狀況。

選擇題（單選）　每題 2 分、共 30 分

（　）1、下列何者是正確？①司法通譯人是否是正確的角色，在法律上來

說是屬於「程序」問題②不正確的角色去做司法通譯，雖然結果可能正確但卻沒有法律上的效果，筆錄往往無法來作為法庭上的證據③司法通譯人應公正、客觀，最好不隸屬於案件進行中的任何單位④以上皆是。

（　）2、以司法通譯的「場地」來區分，實務上在法院中的司法通譯行為又可分為下列何者？①現場通譯②非現場通譯③(1)(2)皆是④以上皆非。

（　）3、在法院所進行的司法通譯「方式」，在實務上是屬於何類型的通譯？①同步通譯②非同步（逐步）通譯③(1)(2)皆是④以上皆非。

（　）4、依我國法律規定，司法通譯因為法庭（警政詢問）筆錄都是以一問一答的方式在進行，所以用這種規定來分類，司法通譯是屬於？①非同步（逐步）通譯②同步通譯③(1)(2)皆是④以上皆非。

（　）5、司法通譯制度為一種司法案件進行上的正當程序，依此，下列何者敘述正確？①程序正義是實踐司法調查的必然步驟②程序正義的實踐是優先於實體正義③這種制度對於語言不通者來說，是司法程序正義的重要環節之一④以上皆是。

（　）6、司法通譯會涉及到許多法律上的問題，它的特性為下列何者？①它涉及到兩種不同語言的轉換問題②它涉及到在不同法律制度下的法律思想觀念傳遞和溝通③(1)(2)皆是④以上皆非。

（　）7、下列何者是屬於司法通譯人的「專業」能力內涵？①內容正確與精準②通譯人嚴格遵守倫理規範③(1)(2)皆是④以上皆非。

（　）8、下列何者正確？①刑事訴訟案件的流程大致上來說可以分為偵查（調查）、起訴、審判與執行等四大階段，在這四大階段流程之中對於語言不通者的傳譯都應有司法通譯制度的使用②以語言不通的當事人來說，司法通譯只在地檢署的起訴與法院的審判才稱為司法通譯，在司法警察單位接受調查時，並不算是司

法通譯案件③在警察機關做司法通譯前並沒有做任何具結的動作，所以在警察機關做通譯案件並沒有法律上的責任④以上皆是。

（　）9、要如何才能稱的上是一個「專業」的司法通譯，並且贏得相關當事人的尊重與信賴？①確實遵守司法通譯人的「倫理規範」②未經所屬單位或是協會組長同意或派遣，便主動接受通譯工作③與朋友談譯過程的八卦事件④只要有錢領，叫我簽哪裡都沒有問題，我都全力配合。

（　）10、當我到派出所、警察局、移民署等司法警察機關協助司法案件傳譯時，對於不合理的要求我如何處理？①當場拒絕要求②向所屬組長及派遣人報告並要求立即處理③在筆錄上不簽名負責④以上皆是。

（　）11、司法通譯工作在出發前要注意下列何項？①不要冒然地、主動接受邀約②要問清楚傳譯什麼類型的案件、何時、到何處、向何人報到③要問清楚通譯對象的背景為何，以便確定是否有迴避的事由④以上皆是。

（　）12、司法通譯是為了要保障基本人權，而在傳譯進行的過程中，應注意下列何項？①在尚未正式通譯前，可要求先與被通譯人及承辦人做與案情有關的溝通②要求全程錄音／影③通譯完畢要仔細閱讀筆錄內容，如果不是非常確定筆錄內容是否和你的通譯一致，一定要請筆錄製作人逐字朗讀並確定筆錄句子內容涵意為何④以上皆是。

（　）13、為了保障通譯自己的權益，在傳譯進行的過程中，通譯人應注意下列何項？①要求通譯的單位、承辦人要對自己的姓名、聯絡方式保密②在案件進行中，若有其他可能的危害產生，應要求立即排除③對不合理的要求可以拒絕並立即反應派遣單位處

理④可以經由協會請求合理的報酬⑸以上皆是。

（　）14、司法通譯過程中應使用何種語言和被傳譯者溝通？①官方語②地方方言③客家語④通譯對象使用之母語。

（　）15、司法通譯過程中未經指派或要求，自行接案或招攬案件會產生什麼後果？①案件當事人會質疑你的動機②會被當事人誤會成訴訟的掮客③自己的專業水準會被當事人看輕④以上皆是。

三.簡答題（口試）

（1）、請用你所傳譯的語言，翻譯出下列句子：（本題 14 分）

你現在涉嫌犯竊盜罪，依據我國刑事訴訟法的規定，在訊問過程中你有下列權利：

一、得保持緘默，無須違背自己之意思而為陳述。

二、得選任辯護人（律師）。（如為低收入戶、中低收入戶、原住民或其他依法令得請求法律扶助資格者，得依法請求）。

三、得請求調查本案對你有利之證據。上述權利你是否知悉？

翻譯：

（2）、上述所陳述筆錄內容經通譯人以○○語朗讀於被訊問人確認無訛後始簽名捺印。（本題 10 分）

翻譯：

（3）、請向監考官以中文正確的口述這段話，並解釋這段話的涵義。（本題 10 分）

具 結 書

今到庭為　　年度　字第　號　（竊盜）案 通譯，當據實陳述，絕無「匿」、「飾」、「增」、「減」，如有虛偽之陳述，願受

偽證罪之處罰，謹此具結。

　　此致

　　臺灣　○　○　地方法院檢察署

中華民國　106 年　03　月　　日

台灣司法通譯協會行政訴訟類司法通譯實務經驗測驗

是非題（○、╳）每題 3 分、共 30 分

（　）1、外國人違反就業務服法案件在性質上是屬於行政機關的行政調
　　　　查，也是將來可能到行政法院爭訟的一種行政訴訟類司法通譯
　　　　案件。

（　）2、外國人違反入出國及移民法類型的通譯案件，也都是屬於行政
　　　　訴訟類司法通譯的一種。

（　）3、交通違規被警察開單，只能算自己倒楣，遇到不合理的紅單，
　　　　無法申訴救濟。

（　）4、當外國人接到政府機關所開立的處分書，它可以直接向行政法
　　　　院提起訴訟要求法官審判。

（　）5、當外國人接到政府相關機關所開立的處分書覺得有不公平時，
　　　　要依據訴願法、行政訴訟法及其他特別法的規定，經過一定的
　　　　流程，才可以向行政法院提起訴訟要求法官審判相關機關所開
　　　　立的處分書。

（　）6、行政訴訟的重要關鍵證據，通常都是通譯在行政機關第一次做
　　　　的傳譯筆錄。

（　）7、違反就業服務法對於外國人來說，大致上來說就是簽證過期的
　　　　問題。

（　）8、對於傳譯違反就業服務法的案子，當事人所屬相關的仲介公司
　　　　通譯人員應該要進行該案件的迴避。

（　）9、外國人沒有申請許可在我國境內工作及逾期居停留案件的調查
　　　　是屬於司法行政機關的一種行政程序調查。

（　）10、因為是幫忙公家單位做行政調查的傳譯工作，所以我隨便翻譯
　　　　也沒有關係，甚至承辦人要求配合辦案，我也要全力協助他們
　　　　完成工作。

選擇題（單選） 每題 5 分、共 50 分

（　）1、下列何種類別的案件是屬於行政訴訟類的司法通譯的範圍？①交通違規調查案件②違反入出國移民法類行政調查案件③違反就業服務法行政調查案件④以上皆是。

（　）2、下列何者是屬於違反就業服務法的樣態？①非法工作②從事許可以外的工作③外勞逃逸（行方不明）④以上皆是。

（　）3、外國人在我國逾期停留，下列描述何者為正確？①超過許可的停留期限②超過簽證入境期限③簽證到期前有到移民署辦理延期④以上皆非。

（　）4、依入出國移民法及移民署規定，逾期停留要接受何種處罰？①罰款②限令出國③驅逐出國或收容④以上皆是。

（　）5、對於內政部移民署的處分不服時，應如何提起行政救濟？①經由原處分機關向它的上級內政部提起訴願②如果對於內政部訴願的決定不服可提起再訴願③對於再訴願的決定不服時逕向行政法院訴請裁判④以上皆是。

（　）6、行政訴訟類的司法通譯會涉及法律上的問題，它的特性為下列何者？①它和一般的司法通譯一樣涉及到兩種不同語言的轉換問題②它涉及到在不同法律制度下的法律思想規範與觀念傳遞和溝通③(1)(2)皆是④以上皆非。

（　）7、違反入出國移民法及就業服務法案件的司法通譯案件傳譯大都在何單位進行？①警政單位②移民署專勤隊③憲兵隊及海巡署④以上皆有可能。

（　）8、外國人（外勞）被政府單位傳喚調查違反規定時下列何通譯人不適任？①當事人的原仲介公司通譯人員②當事人的親屬③自告奮勇的「招攬」或接受邀約通譯④以上皆是。

（　）9、當我到派出所、警察局、移民署等司法警察機關協助行政調查案

件傳譯時，對於不合理的要求我如何處理？①當場拒絕要求②向所屬組長及派遣人報告並要求立即處理③在筆錄上不簽名負責④以上皆是。

（　）10、有關就業服務法規定有關外國人的部分，下列何者為真？①任何人不得非法容留外國人從事工作②外國人未經雇主申請許可，不得在中華民國境內工作③任何人不得媒介外國人非法為他人工作④以上皆是。

簡答題（本題 20 分）

現在有一個外國人逾期停留又非法打工被警察臨檢查獲，你到警察單位協助通譯，請用你所傳譯的語言，依據傳譯對象的情況（語言程度與知識水準）翻譯出下列句子：

你現在因違反「入出國及移民法」及「就業服務法」案件（逾期停留，從事與目的不符的活動、非法工作），警方現在要詢問你，你在接受調查時，有下列權利：

一、得保持沈默，不違背自己的意思而陳述。

二、得聘請律師或辯護人。

三、得請求調查對你有利的證據。

答：

（1）、有較高知識水平者（如外籍白領工作者）。

（2）、知識程度較低者（如藍領工作者）。

以下是錄影檔，請自行上網觀看上課內容

https://youtu.be/wmj2UFvjsTI

https://youtu.be/OiUWZ9Di3qc

https://youtu.be/nZ4EOwAwZCc

https://youtu.be/a_9n4NqpaOk

通譯人員專業倫理及通譯實務經驗測驗題庫

是非題（○ ╳）

（ ）1、通譯的問題，是檢視一個國家是否重視基本人權的指標之一。

（ ）2、司法通譯是公共服務通譯（社區通譯）的一種。

（ ）3、只要會說二種語言，就可以從事司法通譯的工作。

（ ）4、家暴事件、外國人非法工作及外國人逾期停留案件的通譯，都是屬司法通譯的一種。

（ ）5、不是我的所屬機構（單位）的人，直接打電話給我請我通譯，無論如何，再晚、再累，我都不能拒絕，必須立刻去幫忙。

（ ）6、當我知道我的好朋友被警方問話時，我可以主動的協助我的朋友擔任該案件的通譯工作。

（ ）7、當我知道被通譯的對象與我有親戚關係，或是私下我們是好朋友時，我必須主動告知案件承辦人，並且主動拒絕這一次的通譯。

（ ）8、通譯對象說的語言和我家鄉的很不一樣，實在聽不太懂，但他是從我的母國來的同胞，所以我還是可以幫忙他在公家機關傳譯。

（ ）9、通譯對象的老公（老婆）是我介紹的，他也時常來我家買東西，是我店鋪的常客，他如果在警察局或是法院、移民署等單位有事被問話，需要別人的幫忙通譯，我當然要幫他的忙才夠義氣。

（ ）10、我到警察局、派出所及法院、移民署等公家機關幫別人通譯時，遇到案情中有很好笑的事，可以和我的好朋友或是家人一起分享。

（ ）11、當我到警察局、派出所及法院、移民署等公家機關幫別人通譯時，不小心把案件情況和我的好朋友或是家人一起分享，造成當事人的損害及丟臉，我不用負法律上的責任。

（　）12、我到派出所、警察局、移民署等公家機關幫別人通譯時，筆錄
　　　　已經先都做好了，筆錄的內容、文字都不用管，只要幫忙在筆
　　　　錄最後簽名就可以領錢。

（　）13、當我到派出所、警察局、移民署等公家機關幫別人通譯時，筆
　　　　錄做完後就可以直接簽名了。

（　）14、當我到派出所、警察局、移民署等公家機關幫別人通譯時，我
　　　　要注意我在通譯的過程是否是有錄音，筆錄做完後還要請承辦
　　　　人從頭到尾唸一次給我聽確認沒錯之後才可以直接簽名。

（　）15、當我到派出所、警察局、移民署等公家機關幫別人通譯時，可
　　　　以先要求瞭解大概的案情。

（　）16、當我到派出所、警察局、移民署、法院等公家機關幫別人通譯
　　　　時，為了協助案件偵辦順利，取得被通譯的信任，可以先和對
　　　　象聊天並告訴他我的姓名、住址及聯絡電話。

（　）17、當我到派出所、警察局、移民署等公家機關幫別人通譯時，對
　　　　於不合理的要求我可以拒絕，同時立即向我的所屬社團（單
　　　　位）反應，請他們立即處理。

（　）18、對於任何司法通譯的案件，都可以向承辦單位要求合理的
　　　　報酬。

（　）19、無論我是不是在從事司法通譯的工作，我都必須向我的所屬社
　　　　團（單位）報告我這次通譯工作進行的狀況。

選擇題（單選）

（　）1、下列何者屬於公共服務通譯（社區通譯）？①移民輔導通譯②
　　　　醫療通譯③警政、司法通譯④以上皆是。

（　）2、以通譯的場地來區分，通譯又可分為下列何者？①現場通譯②
　　　　非現場通譯③⑴⑵皆是④以上皆非。

（　）3、以通譯的方法來區分，通譯又可分為下列何者？①同步通譯②非同步（逐步）通譯③(1)(2)皆是④以上皆非。

（　）4、司法通譯因為其法庭（警政詢問）筆錄都是以一問一答的方式在進行，所以是屬於？①非同步（逐步）通譯②同步通譯③(1)(2)皆是④以上皆非。

（　）5、為何要認識司法通譯？①因為司法通譯案件在日常社會生活中非常普遍②它經常發生在你我的周遭③而且對人民的基本權益影響深遠重大④以上皆是。

（　）6、司法通譯會涉及到許多的法律上的問題，它的特性為下列何者？①它涉及到兩種不同語言的轉換問題②它涉及到在不同法律制度下的法律思想觀念傳遞和溝通③(1)(2)皆是④以上皆非。

（　）7、下列何者是司法通譯人的「專業」能力？①正確與精準②嚴格遵守倫理規範③(1)(2)皆是④以上皆非。

（　）8、下列何者是司法通譯人必須要遵守的「倫理規範」？①要自己注意迴避原則②確實保守在通譯過程所知悉的祕密③不要自告奮勇的「招攬」通譯案件④以上皆是。

（　）9、要如何才能稱的上是一個「專業」的司法通譯，並且贏得相關當事人的尊重與信賴？①確實遵守司法通譯人的「倫理規範」②未經所屬機關同意或派遣，可主動接受通譯工作③與朋友談論通譯過程的八卦事件④只要有錢領，叫我簽哪裡都沒有問題，我都全力配合。

（　）10、當我到派出所、警察局、移民署等公家機關幫別人通譯時，對於不合理的要求我如何處理？①當場拒絕要求②向所屬社團及派遣人報告並要求立即處理③在筆錄上不簽名負責④以上皆是。

（　）11、司法通譯工作在出發前要注意下列何項？①不要冒然的、不

主動接受邀約②要問清楚是什麼類型的案件、何時、到何處、向何人報到③要問清楚通譯的對象是背景為何④以上皆是。

( )12、司法通譯是為了要保障基本人權,而在傳譯進行的過程中,應注意下列何項?①在尚未正式通譯前,可要求先與被通譯人做與案情有關的溝通②要求全程錄音／影③通譯完畢要請筆錄製作人逐字朗讀④以上皆是。

( )13、為了保障自己的權益,在傳譯進行的過程中,通譯人應注意下列何項?①要求通譯的單位、承辦人要對自己的姓名、聯絡方式保密②在案件進行中,若有其他可能的危害產生,應要求立即排除③對不合理的要求可以拒絕並立即反應派遣單位處理④可以要求合理的報酬(5)以上皆是。

( )14、通譯過程應使用何種語言?①國語②臺語③客家語④通譯對象使用之母語。

( )15、下列何者與「竊盜」的詞意相同或接近?①偷別人的東西②不告而取③騙別人的財物④(1)(2)皆是。

( )16、下列何者與「偽造文書」的詞意相同或接近?①做假的證件②賣假的書③騙別人的錢④用書去打人。

( )17、下列何者與「違反就業服務法」的詞意相同或接近?①我沒有經過中華民國政府的公文許可就來臺灣工作②我是照顧阿公的,雇主卻叫我幫忙他的店舖招呼客人③我從原來的老闆家跑掉,到工地打工④以上皆是。

( )18、依據中華民國《刑法》第168條(偽證罪)定,通譯人在從事司法通譯時,於案情有重要關係之事項,供前或供後具結,而為虛偽陳述者,應被科處什麼樣的處罰?①罰500元②罵一下,向對方對不起就好了③這次不能領通譯

費用④處七年以下有期徒刑。

（　）19、依據我國《社會秩序維護法》規定第 67 條，通譯人在警察局協助違反《社會秩序維護法》的通譯時，向警察機關為虛偽之證言或通譯者，應被科處什麼樣的處罰？①處三日以下拘留②新臺幣一萬二千元以下罰鍰③不用罰，但是這次不能領通譯費用④⑴⑵皆是

附 錄

壹、與司法通譯有關的法令

中華民國刑法第 168 條（偽證罪）

於執行審判職務之公署審判時或於檢察官偵查時，證人、鑑定人、通譯於案情有重要關係之事項，供前或供後具結，而為虛偽陳述者，處七年以下有期徒刑。

社會秩序維護法

第 67 條

有左列各款行為之一者，處三日以下拘留或新臺幣一萬二千元以下罰鍰：

一、禁止特定人涉足之場所之負責人或管理人，明知其身分不加勸阻而不報告警察機關者。

二、於警察人員依法調查或查察時，就其姓名、住所或居所為不實之陳述或拒絕陳述者。

三、意圖他人受本法處罰而向警察機關誣告者。

四、關於他人違反本法，向警察機關為虛偽之證言或通譯者。

五、藏匿違反本法之人或使之隱避者。

六、偽造、變造、湮滅或隱匿關係他人違反本法案件之證據者。

因圖利配偶、五親等內之血親或三親等內之姻親，而為前項第四款至第六款行為之一者，處以申誡或免除其處罰。

刑事訴訟法

第 93-1 條

第 91 條及前條第二項所定之二十四小時，有左列情形之一者，其經過之時間不予計入。但不得有不必要之遲延：

一、因交通障礙或其他不可抗力事由所生不得已之遲滯。

二、在途解送時間。

三、依第一百條之三第一項規定不得為詢問者。

四、因被告或犯罪嫌疑人身體健康突發之事由，事實上不能訊問者。

五、被告或犯罪嫌疑人表示已選任辯護人，因等候其辯護人到場致未
　　予訊問者。但等候時間不得逾四小時。其因智能障礙無法為完
　　全之陳述，因等候第三十五條第三項經通知陪同在場之人到場
　　致未予訊問者，亦同。

六、被告或犯罪嫌疑人須由通譯傳譯，因等候其通譯到場致未予訊問
　　者。但等候時間不得逾六小時。

七、經檢察官命具保或責付之被告，在候保或候責付中者。但候保或
　　候責付時間不得逾四小時。

八、犯罪嫌疑人經法院提審之期間。

前項各款情形之經過時間內不得訊問。

因第一項之法定障礙事由致二十四小時內無法移送該管法院者，檢察
　　官聲請羈押時，並應釋明其事由。

第 99 條

被告為聾或啞或語言不通者，得用通譯，並得以文字訊問或命以文字
陳述。

第 211 條

本節之規定，於通譯準用之。

第 205 條

鑑定人因鑑定之必要，得經審判長、受命法官或檢察官之許可，檢閱
卷宗及證物，並得請求蒐集或調取之。

鑑定人得請求訊問被告、自訴人或證人，並許其在場及直接發問。

第 178 條

證人經合法傳喚，無正當理由而不到場者，得科以新臺幣三萬元以下之罰鍰，並得拘提之；再傳不到者，亦同。

前項科罰鍰之處分，由法院裁定之。檢察官為傳喚者，應聲請該管法院裁定之。

對於前項裁定，得提起抗告。

拘提證人，準用第七十七條至第八十三條及第八十九條至第九十一條之規定。

第 180 條

證人有下列情形之一者，得拒絕證言：

一、現為或曾為被告或自訴人之配偶、直系血親、三親等內之旁系血親、二親等內之姻親或家長、家屬者。

二、與被告或自訴人訂有婚約者。

三、現為或曾為被告或自訴人之法定代理人或現由或曾由被告或自訴人為其法定代理人者。

對於共同被告或自訴人中一人或數人有前項關係，而就僅關於他共同被告或他共同自訴人之事項為證人者，不得拒絕證言。

第 181 條

證人恐因陳述致自己或與其有前條第一項關係之人受刑事追訴或處罰者，得拒絕證言。

第 181-1 條

被告以外之人於反詰問時，就主詰問所陳述有關被告本人之事項，不

得拒絕證言。

第 189 條

具結應於結文內記載當據實陳述，決無匿、飾、增、減等語；其於訊問後具結者，結文內應記載係據實陳述，並無匿、飾、增、減等語。

結文應命證人朗讀；證人不能朗讀者，應命書記官朗讀，於必要時並說明其意義。

結文應命證人簽名、蓋章或按指印。

證人係依第一百七十七條第二項以科技設備訊問者，經具結之結文得以電信傳真或其他科技設備傳送予法院或檢察署，再行補送原本。

第一百七十七條第二項證人訊問及前項結文傳送之辦法，由司法院會同行政院定之。

第 193 條

證人無正當理由拒絕具結或證言者，得處以新臺幣三萬元以下之罰鍰，於第一百八十三條第一項但書情形為不實之具結者，亦同。

第一百七十八條第二項及第三項之規定，於前項處分準用之。

第 196-1 條

司法警察官或司法警察因調查犯罪嫌疑人犯罪情形及蒐集證據之必要，得使用通知書通知證人到場詢問。

第七十一條之一第二項、第七十三條、第七十四條、第一百七十五條第二項第一款至第三款、第四項、第一百七十七條第一項、第三項、第一百七十九條至第一百八十二條、第一百八十四條、第一百八十五條及第一百九十二條之規定，於前項證人之通知及詢問準用之。

民事訴訟法第 207 條

　　參與辯論人如不通中華民國語言，法院應用通譯；法官不通參與辯論人所用之方言者，亦同。

　　參與辯論人如為聾、啞人，法院應用通譯。但亦得以文字發問或使其以文字陳述。

貳、我國法院有關通譯文件

中英文民行迴避

【民事、行政訴訟 Civil and Administrative Litigations 】

迴避規定及說明

Regulations and Descriptions for Disqualification

為了維護法院審理案件的公正，中華民國相關法規設有法院人員應「迴避」的規定，包括：(一) 自行迴避，也就是說法官等人員，如果與案件的當事人或案件有特定關係，就應自行迴避，不得執行職務；(二) 當事人聲請迴避，也就是當事人知悉、發現法官等人員有應自行迴避而未迴避之情形，或有其他明顯事證，足以認為他們有偏頗的可能，可用書面敘明理由後向法院聲請迴避。

To ensure fair trials, the conditions for "disqualification" are stipulated in laws and regulations for court personnel, including: (1) voluntarily disqualification, which refers to the condition in which a judge or other personnel shall voluntarily disqualify himself/herself from the execution of his/her duties if a specific relationship with the involved parties or the case is present; (2) an involvedparty's filing of a "disqualification motion", which refers to the condition of disqualifying a judge or other personnel with a written statement when an involved party learns or discovers that such an above-mentioned personnel who should voluntarily disqualify himself/herself but does not or when there is obvious evidence supporting the possibility of partiality.

此外，如果通譯人員就傳譯案件有法定應自行迴避事由，也不得執行職務；且通譯就傳譯案件如有利益衝突或其他影響其忠實、中立執行職務之情形，應主動告知法院。

In addition, a court interpreter may not perform his/her assigned interpreting duty if he/she learns about any existing condition pursuant to the laws of voluntary disqualification. Moreover, a court interpreter shall take the initiative to report to the court if there is a conflict of interest orcondition that may potentially affect the faithfulness or neutrality of an interpreter in performing the assigned duties concerning the case.

如您發現案件中的法官或通譯人員，有上述情況，請即時向法院反應，以確保您的權益。

If a judge or a court interpreter is found to be involved in any conditiondescribed above, please immediately report the details to the court to protect your rights and interests.

相關的民事訴訟法及行政訴訟法規定如下：

The related regulations in Code of Civil Procedure and Code of Administrative Procedure are as follows:

‧民事訴訟法第 32 條

法官有下列各款情形之一者，應自行迴避，不得執行職務：

一、法官或其配偶、前配偶或未婚配偶，為該訴訟事件當事人者。

二、法官為該訴訟事件當事人八親等內之血親或五親等內之姻親，或曾有此親屬關係者。

三、法官或其配偶、前配偶或未婚配偶，就該訴訟事件與當事人有共同權利人、共同義務人或償還義務人之關係者。

四、法官現為或曾為該訴訟事件當事人之法定代理人或家長、家屬者。

五、法官於該訴訟事件，現為或曾為當事人之訴訟代理人或輔佐人者。

六、法官於該訴訟事件，曾為證人或鑑定人者。

七、法官曾參與該訴訟事件之前審裁判或仲裁者。

Article 32 of Code of Civil Procedure

Any judge shall voluntarily disqualify himself/herself when facing any of following circumstances:

when the judge, the judge's spouse, former spouse, or fiancé is an involved party in the proceeding;

when the judge is or was either a blood relative within the eighth degree or a relative by marriage within the fifth degree, to an involved party inthe proceeding;

when the judge, the judge's spouse, former spouse, or fiancé is a co-obligee, co-obligor, or an indemnitor to an involved party in the proceeding;

when the judge is or was the statutory agent,a head oramember of the party's householdto an involved party in the proceeding;

when the judge is acting or acted as an agent ad litem or assistant to an involved party in the proceeding;

when the judge hasserved as a witness or expert witness in the proceeding;

when the judge participated in either making a court decisionor served as an arbitrator of the same dispute in the previous proceeding.

· 民事訴訟法第 33 條

遇有下列各款情形，當事人得聲請法官迴避：

一、法官有前條所定之情形而不自行迴避者。

二、法官有前條所定以外之情形，足認其執行職務有偏頗之虞者。

當事人如已就該訴訟有所聲明或為陳述後，不得依前項第二款聲請法官迴避。但迴避之原因發生在後或知悉在後者，不在此限。

Article 33 of Code of Civil Procedure

A party may motion for the disqualification of a judge under the following circumstances:

when the judge does not voluntarily disqualify himself/herself under the circumstances prescribed in the above-mentioned Article;

when thecircumstances other than those prescribed in the above-mentioned Article exist to suggest that the judge may not perform his/her functions impartially.

A party cannot motion for the disqualification of a judge in accordance with the provision of the second sub-paragraph under this Article after such a party has made any motions or statements concerning the same request, except in the situation where the grounds for disqualification arise or become known thereafter.

· 行政訴訟法第 19 條

法官有下列情形之一者，應自行迴避，不得執行職務：

一、有民事訴訟法第三十二條第一款至第六款情形之一。

二、曾在中央或地方機關參與該訴訟事件之行政處分或訴願決定。

三、曾參與該訴訟事件相牽涉之民刑事裁判。

四、曾參與該訴訟事件相牽涉之公務員懲戒事件議決。

五、曾參與該訴訟事件之前審裁判。

六、曾參與該訴訟事件再審前之裁判。但其迴避以一次為限。

Article 19 of Code of Administrative Procedure

Any judge shall voluntarily disqualify himself/herself under the following circumstances:

when one of the circumstances providedin the details of 1 to 6 under Article 32 in Code of Civil Procedure occurs;

when the judge participated in concluding the administrative actions or appeals of the same case in central or local agency;

when the judge participated in reach either the civil or criminal decision related to the case;

when the judge participated in making the decision of disciplinary sanctionsagainst the public functionary related to the case;

when the judge participated in making a prior court decisionrelated to the same case;

when the judge participated in reaching a decision of the same case before the review, but a disqualification of this nature is limited to one time only.

中英文刑事迴避【刑事訴訟 Criminal Litigations】

迴避規定及說明

Regulations and Descriptions for Disqualification

為了維護法院審理案件的公正，中華民國相關法規設有法院人員應「迴避」的規定，包括：(一)自行迴避，也就是說法官等人員，如果與案件的當事人或案件有特定關係，就應自行迴避，不得執行職務；(二)當事人聲請迴避，也就是當事人知悉、發現法官等人員有應自行迴避而未迴避之情形，或有其他明顯事證，足以認為他們有偏頗的可能，可用書面敘明理由後向法院聲請迴避。

To ensure fair trials, the conditions for "disqualification" are stipulated in laws and regulations for court personnel, including: (1) voluntarily disqualification, which refers to the condition in which a judge or other personnel shall voluntarily disqualify himself/herself from the execution of his/her duties if a specific relationship with the involved parties or the case is present; (2) an involved party's filing of a "disqualification motion", which refers to the condition of disqualifying a judge or other personnel with a written statement when an involved party learns or discovers that such an above-mentioned personnel who should voluntarily disqualify himself/herself but does not or when there is obvious evidence supporting the possibility of partiality.

此外，如果通譯人員就傳譯案件有法定應自行迴避事由，也不得執行職務；且通譯就傳譯案件如有利益衝突或其他影響其忠實、中立執行職務之情形，應主動告知法院。

In addition, a court interpreter may not perform his/her assigned interpreting duty if he/she learns about any existing condition pursuant to the laws of voluntary disqualification. Moreover, a court interpreter shall take the initiative to report to the court if there is a conflict of interest or condition that may potentially affect the faithfulness or neutrality of an interpreter in performing the assigned duties concerning the case.

如您發現案件中的法官或通譯人員,有上述情況,請即時向法院反應,以確保您的權益。

If a judge or a court interpreter is found to be involved in any condition described above, please immediately report the details to the court to protect your rights and interests.

相關的刑事訴訟法規定如下:

The related regulations in Code of Criminal Procedure are as follows:

‧第 17 條

推事於該管案件有左列情形之一者,應自行迴避,不得執行職務:

一、推事為被害人者。

二、推事現為或曾為被告或被害人之配偶、八親等內之血親、五親等內之姻親或家長、家屬者。

三、推事與被告或被害人訂有婚約者。

四、推事現為或曾為被告或被害人之法定代理人者。

五、推事曾為被告之代理人、辯護人、輔佐人或曾為自訴人、附帶民事訴訟當事人之代理人、輔佐人者。

六、推事曾為告訴人、告發人、證人或鑑定人者。

七、推事曾執行檢察官或司法警察官之職務者。

八、推事曾參與前審之裁判者。

Article 17

Under any of the following circumstances, a judge shall disqualify himself/herself from the case concerned on his/her own motion and will not perform his/her duties:

when the judge is the victim;

when the judge is or was the spouse, a blood relative within the eighth degree of kinship, a relative by marriage within the fifth degree of relationship, a family head, or a family member of the accused or the victim;

when the judge is betrothed to the accused or the victim;

when the judge is or was the agent ad litem of the accused or the victim;

when the judge has acted as the agent, the defense attorney, or the assistant of the accused, acted in the same capacity of the private prosecutor, or acted in the same capacity for a party in the supplementary civil action;

when the judge acted as the complainant, informer, witness or expert witness;

when the judge performed the duties as a public prosecutor or a judicial police officer;

when the judge participated in the decision at the previous trial.

· 第 18 條

當事人遇有左列情形之一者，得聲請推事迴避：

一、推事有前條情形而不自行迴避者。

二、推事有前條以外情形，足認其執行職務有偏頗之虞者。

Article 18

A party may motion to disqualify a judge under one of the following circumstances:

when the circumstances specified in the details of the above-mentioned article exist and the judge has not disqualified himself/herself from the case concerned on his/her own motion;

when the circumstances other than those specified in the details of the above-mentioned article exist and the conditions are believed to be sufficient in justifying the apprehension to believe that the judge may be biased in performing his/her duties.

中英文法院使用通譯作業規定

法院使用通譯作業規定

Operational Regulations Governing the Use of Interpreters in Courts

中華民國 102 年 10 月 25 日院台廳司一字第 1020028257 函訂定

Ratified pursuant to Yuan-Tai-Ting-Si-Yi-Zi Letter No. 1020028257 on Oct. 25, 2013

中華民國 105 年 3 月 30 日院台廳司一字第 1050008500 函修正

Amended in accordance with Yuan-Tai-Ting-Si-Yi-Zi Letter No. 1050008500 dated on

March 30, 2016

一、為落實保障聽覺或語言障礙者、不通曉國語人士之權益，並利其使用通譯參與訴訟程序，特訂定本作業規定。

1. This set of Operational Regulations Governing the Use of Interpreters in Courts (hereinafter as "the Regulations") is ratified in order to protect the rights of those who are hearing- or speech-impaired and those with no or limited proficiency in Mandarin so that these people can be aided by court interpreters in legal proceedings.

二、本作業規定適用於當事人、證人、鑑定人或其他關係人（以下簡稱當事人或關係人）為聽覺或語言障礙者或不通曉國語人士之案件。

2. The Regulations are applicable to the cases in which the parties, witnesses, expert witnesses or other interested parties (hereinafter as "the parties or interested parties") are hearing- or speech-impaired or are with no or limited proficiency in Mandarin.

三、法院審理案件時，宜主動瞭解、詢問當事人或關係人有無傳譯需求，並視個案需要選任通譯。

前項情形，法院宜於傳喚或通知時，以附記文字或附加使用通譯聲請書（如附件）之方式，告知其可向法院提出傳譯需求。

3. When hearing cases, the court shall actively find out or consult the

parties or interested parties whether they need the assistance of interpreters so that interpreters may be selected depending on the demand of individual cases.

Under the circumstance stipulated above, the court shall inform the parties or interested parties that they may ask for the assistance of interpreters with annotations or the attached Interpreter Application Form (see Attachment) at the time when the parties or interested parties are subpoenaed or notified.

四、法院於審理案件需用通譯時，宜先選任現職通譯，於現職通譯不適宜或不敷應用時，得選任特約通譯。

法院審理案件時，如所遴聘之特約通譯因故均不能擔任職務或人數不敷應用時，得因應需要，函請相關機關或單位協助指派熟諳該國語言人員擔任臨時通譯。

4. If interpreters are required when cases are heard, it is more appropriate for the court to make its selection from the current court interpreters, and contracted interpreters may be selected when current court interpreters are not competent or short in number.

When the court hears cases, if contracted interpreter selected by the court fail to perform his/her duties or the contracted interpreters are short in number, the court may, depending on the demand, request relevant authorities or units to assign personnel who understands the designated language to serve as provisional interpreters through written notification.

五、對於案情繁雜之案件，法院得選任二名以上之通譯，分為主譯及輔譯。

主譯傳譯時，輔譯應始終在庭，並專注留意主譯傳譯之正確性。

5. The court may select more than two interpreters for cases with a complex nature, and these interpreters are classified into the lead interpreter

and the assisting interpreter.

When the lead interpreter interprets, the assisting interpreter shall remain in the courtroom and pay close attention to the accuracy of the lead interpreter's rendition.

六、法院應視實際開庭情形，酌定休息時間，避免通譯執行職務過勞而影響傳譯品質。

6. The court shall determine the break time depending on the actual circumstances of trials to ensure the interpreters are not overworked and their quality of interpretation is not adversely affected.

七、當事人或關係人如自備傳譯人員，法院為選任前，應主動瞭解該傳譯人員之身分、傳譯能力及其與受訊問人之關係。

7. If the parties or interested parties bring their own interpreters, the court shall take the initiative to understand the identities and competence levels of the interpreters, as well as their relations to the interrogated person.

八、法院單一窗口聯合服務中心及開庭報到處應備置使用通譯聲請書，俾利需要傳譯服務之當事人或關係人填寫。

8. Single-Counter Consolidated Service Center at the court and the registration counter for trials shall keep the Interpreter Application Form ready for the parties and interested parties who may require the interpretation service.

九、法院現職通譯或特約通譯以外之人，執行通譯職務時，準用第五點至第七點規定。

9. Article 5 to 7 shall, mutatis mutandis, apply to all people other than current court interpreters or contracted interpreters when they perform interpretation duties.

附件

〇〇〇〇法院使用通譯聲請書

〇〇〇〇 Court Interpreter Application Form 案號：〇〇年度〇〇字第〇〇號

Case No.: 〇〇 Zi, Number 〇〇 of 〇〇 (year)

股別：〇

Section: 〇

本人〇〇〇因係　□聽覺或語言障礙者

I, 〇〇〇 , am 　□ People with hearing- or speech-impairment

□原住民（族別：＿＿＿＿＿＿＿＿＿＿＿＿）

an indigenous person (Tribe：＿＿＿＿＿＿＿)

　　　□外國人（國籍：＿＿＿＿＿＿＿＿＿＿＿＿）

foreign national (Nationality：＿＿＿＿)

　　　□其他原因：＿＿＿＿＿＿＿＿＿＿＿＿＿＿

others：＿＿＿＿＿＿＿＿＿＿＿＿＿＿ ，

而有不通曉國語或無法以國語順暢表達意見之情形，爰具狀聲請選任〇〇語通譯。

and do not understand Mandarin or have limited Mandarin proficiency to smoothly express my opinion. I hereby fill out this form to apply for a/an 〇〇 interpreter.

此致

〇〇〇〇法院　公鑒

To

○○○○ Court

※ 附件及份數（依聲請原因勾選）

※Attachments and Number of Copies (Please mark the following options in accordance with the reason of application)

□ 戶籍謄本影本○件

○ copy/copies of Household Registration Transcription

□ 中華民國居留證影本○件

○ copy/copies of R.O.C. Resident Certificate

□ 身心障礙證明影本○件

○ copies of disability identification

□ 護照影本○件

○ copy/copies of Passport

□ 其他：＿＿＿＿＿＿＿＿

Others：＿＿＿＿＿＿＿＿

聲請人：　　　　　（簽名蓋章）

Applicant：　　　　　(Signature and Stamp)

身分證統一編號（居留證或護照號碼）：

ID No. (Resident Certificate or Passport No.):

住居所：

Address:

聯絡電話：

Telephone number:

中　華　民　國　　年　　月　　日

(Year)　　(Month)　　(Day)

中日文民行迴避【民事、行政訴訟】

迴避規定及說明

回避規定及び説明

　　為了維護法院審理案件的公正，中華民國相關法規設有法院人員應「迴避」的規定，包括：(一)自行迴避，也就是說法官等人員，如果與案件的當事人或案件有特定關係，就應自行迴避，不得執行職務；(二)當事人聲請迴避，也就是當事人知悉、發現法官等人員有應自行迴避而未迴避之情形，或有其他明顯事證，足以認為他們有偏頗的可能，可用書面敘明理由後向法院聲請迴避。

　　裁判所における事案審理の公正を保つため、中華民国の関連法規は、裁判所職務担当者が「回避」すべき事情を定めています。

　　（一）自ら回避、すなわち裁判官等職務担当者は、事案の当事者又は事案と特定の関係がある場合には、自らこれを回避しなければならず、職務を執行することはできません。

　　（二）当事者の申立てによる回避、すなわち当事者は、裁判官等職務担当者が自ら回避すべき事案にもかかわらず回避していないことを知っている、若しくは新たに発見した場合、又はその他の明らかな事実や証拠により職務担当者に偏向のおそれがあると認めるに足る場合には、書面を以ってその理由を述べ、裁判所に対し回避の申立てをすることができます。

　　此外，如果通譯人員就傳譯案件有法定應自行迴避事由，也不得執行職務；且通譯就傳譯案件如有利益衝突或其他影響其忠實、中立執行職務之情形，應主動告知法院。

　　このほか、通訳人も、通訳する事案について法律で定められた自ら回避すべき事由がある場合には、職務を執行することができません。さらに、通訳人は、通訳する事案について利益の衝突又は忠実、中立な職

務執行に影響するその他の事情がある場合には、その旨を自ら裁判所に告知しなければなりません。

　如您發現案件中的法官或通譯人員，有上述情況，請即時向法院反應，以確保您的權益。

　事案を担当する裁判官又は通訳人について、上記の事情があることを発見した場合には、ご自身の権益を守るために、速やかに裁判所にお知らせください。

　相關的民事訴訟法及行政訴訟法規定如下：

　民事訴訟法及び行政訴訟法の関連規定は以下のとおりです。

　・民事訴訟法第 32 條

　法官有下列各款情形之一者，應自行迴避，不得執行職務：

　一、法官或其配偶、前配偶或未婚配偶，為該訴訟事件當事人者。

　二、法官為該訴訟事件當事人八親等內之血親或五親等內之姻親，或曾有此親屬關係者。

　三、法官或其配偶、前配偶或未婚配偶，就該訴訟事件與當事人有共同權利人、共同義務人或償還義務人之關係者。

　四、法官現為或曾為該訴訟事件當事人之法定代理人或家長、家屬者。

　五、法官於該訴訟事件，現為或曾為當事人之訴訟代理人或輔佐人者。

　六、法官於該訴訟事件，曾為證人或鑑定人者。

　七、法官曾參與該訴訟事件之前審裁判或仲裁者。

　・民事訴訟法第 32 条

　裁判官は、下記に掲げる事情がある場合には、自ら回避しなければならず、職務を執行することはできない。

　一、裁判官又はその配偶者、前配偶者若しくは内縁の夫若しくは妻が、当該訴訟事件の当事者である場合。

　二、裁判官が、当該訴訟事件の当事者の八親等内の血族若しくは五

親等内の姻族である、又は過去にこの親族関係があった場合。

　　三、裁判官又はその配偶者、前配偶者若しくは内縁の夫若しくは妻が、当該訴訟事件につき当事者と共同権利者、共同義務者又は償還義務者の関係にある場合。

　　四、裁判官が現在又は過去に、当該訴訟事件の当事者の法定代理人又は世帯主、同居家族である場合。

　　五、裁判官が当該訴訟事件において、現在又は過去に当事者の訴訟代理人又は補佐人である場合。

　　六、裁判官が当該訴訟事件において、過去に証人又は鑑定人であった場合。

　　七、裁判官が過去に当該訴訟事件の前審の裁判又は仲裁に参与した場合。

・民事訴訟法第 33 條

遇有下列各款情形，當事人得聲請法官迴避：

一、法官有前條所定之情形而不自行迴避者。

二、法官有前條所定以外之情形，足認其執行職務有偏頗之虞者。

當事人如已就該訴訟有所聲明或為陳述後，不得依前項第二款聲請法官迴避。但迴避之原因發生在後或知悉在後者，不在此限。

・民事訴訟法第 33 条

　　下記に掲げる事情がある場合には、当事者は裁判官の回避を申立てることができる。

　　一、裁判官が、前条に定められた事情があるにもかかわらず自ら回避しない場合。

　　二、裁判官に、前条で定められた以外の事情があり、その職務の執行に偏向のおそれがあると認めるに足る場合。

　　当事者は、当該訴訟についてすでに声明または陳述を行った後には、前項第二号に基づき裁判官の回避を申立てることはできない。但

し、回避の原因がその後に発生した、又は回避の原因をその後に知った場合は、この限りではない。

・行政訴訟法第 19 條

法官有下列情形之一者，應自行迴避，不得執行職務：

一、有民事訴訟法第三十二條第一款至第六款情形之一。

二、曾在中央或地方機關參與該訴訟事件之行政處分或訴願決定。

三、曾參與該訴訟事件相牽涉之民刑事裁判。

四、曾參與該訴訟事件相牽涉之公務員懲戒事件議決。

五、曾參與該訴訟事件之前審裁判。

六、曾參與該訴訟事件再審前之裁判。但其迴避以一次為限。

・行政訴訟法第 19 条

裁判官は、下記に該当する場合には、自ら回避しなければならず、職務を執行することはできない。

一、民事訴訟法第三十二条第一項乃至第六項に該当する場合。

二、過去に中央又は地方の機関において当該訴訟事件の行政処分又は行政不服申立てに対する決定に参与した場合。

三、過去に当該訴訟事件に関連する民事裁判、刑事裁判に参与した場合。

四、過去に当該訴訟事件に関連する公務員懲戒事件の議決に参与した場合。

五、過去に当該訴訟事件の前審裁判に参与した場合。

六、過去に当該訴訟事件の再審前の裁判に参与した場合。但しその回避は一度限りとする。

中日文刑事迴避【刑事訴訟】

迴避規定及說明

回避規定及び 明

　　為了維護法院審理案件的公正，中華民國相關法規設有法院人員應「迴避」的規定，包括：(一) 自行迴避，也就是說法官等人員，如果與案件的當事人或案件有特定關係，就應自行迴避，不得執行職務；(二) 當事人聲請迴避，也就是當事人知悉、發現法官等人員有應自行迴避而未迴避之情形，或有其他明顯事證，足以認為他們有偏頗的可能，可用書面敘明理由後向法院聲請迴避。

　　裁判所における事案審理の公正を保つため、中華民国の　連法規は、裁判所職務担 者が「回避」すべき事情を定めています。

　　（一）自ら回避、すなわち裁判官等職務担 者は、事案の 事者又は事案と特定の　係がある場合には、自らこれを回避しなければならず、職務を執行することはできません。

　　（二）　事者の申立てによる回避、すなわち 事者は、裁判官等職務担 者が自ら回避すべき事案にもかかわらず回避していないことを知っている、若しくは新たに　見した場合、又はその他の明らかな事　や証 により職務担 者に偏向のおそれがあると認めるに足る場合には、書面を以ってその理由を述べ、裁判所に し回避の申立てをすることができます。

　　此外，如果通譯人員就傳譯案件有法定應自行迴避事由，也不得執行職務；且通譯就傳譯案件如有利益衝突或其他影響其忠實、中立執行職務之情形，應主動告知法院。

　　このほか、通 人も、通 する事案について法律で定められた自ら回避すべき事由がある場合には、職務を執行することができません。さらに、通 人は、通 する事案について利益の衝突又は忠 、中立な職務

執行に影響するその他の事情がある場合には、その旨を自ら裁判所に告知しなければなりません。

如您發現案件中的法官或通譯人員，有上述情況，請即時向法院反應，以確保您的權益。

事案を担 する裁判官又は通 人について、上記の事情があることを 見した場合には、ご自身の 益を守るために、速やかに裁判所にお知らせください。

相關的刑事訴訟法規定如下：

刑事訴訟法の関連規定は以下のとおりです。

・第 17 條

推事於該管案件有左列情形之一者，應自行迴避，不得執行職務：

一、推事為被害人者。

二、推事現為或曾為被告或被害人之配偶、八親等內之血親、五親等內之姻親或家長、家屬者。

三、推事與被告或被害人訂有婚約者。

四、推事現為或曾為被告或被害人之法定代理人者。

五、推事曾為被告之代理人、辯護人、輔佐人或曾為自訴人、附帶民事訴訟當事人之代理人、輔佐人者。

六、推事曾為告訴人、告發人、證人或鑑定人者。

七、推事曾執行檢察官或司法警察官之職務者。

八、推事曾參與前審之裁判者。

・第 17 条

裁判官は、担事件において左記の事情がある場合には、自ら回避しなければならず、職務を執行することはできない。

一、裁判官が被害者である場合。

二、裁判官が現在又は過去に被告人又は被害者の配偶者、八親等

の血族、五親等 の姻族または世 主、同居家族である場合。

　三、裁判官が被告人又は被害者と婚約している場合。

　四、裁判官が現在又は過去に被告人又は被害者の法定代理人である場合。

　五、裁判官が過去に被告人の代理人、弁護人、補佐人であった、又は過去に自訴人、付 民事訴訟 事者の代理人、補佐人であった場合。

　六、裁判官が過去に告訴人、告発人、証人又は鑑定人であった場合。

　七、裁判官が過去に 察官又は司法警察官の職務を執行した場合。

　八、裁判官が前審の裁判に参与した場合。

　・第 18 條

當事人遇有左列情形之一者，得聲請推事迴避：

一、推事有前條情形而不自行迴避者。

二、推事有前條以外情形，足認其執行職務有偏頗之虞者。

　・第 18 条

　事者は、左記の事情がある場合には、裁判官の回避の申立を行うことができる。

　一、裁判官が、前条の事情があるにもかかわらず自ら回避しない場合。

　二、裁判官に、前条以外の事情があり、職務の執行に偏向のおそれがあると認めるに足る場合。

中日文法院使用通譯作業規定

法院使用通譯作業規定

法廷通訳人の使用に関する作業規定

中華民國 102 年 10 月 25 日院台廳司一字第 1020028257 函訂定

中華民国 102 年 10 月 25 日院台 司一字第 1020028257 文書により制定

中華民國 105 年 3 月 30 日院台廳司一字第 1050008500 函修正

中華民国 105 年 3 月 30 日院台 司一字第 1050008500 文書修正

一、為落實保障聽覺或語言障礙者、不通曉國語人士之權益，並利其使用通譯參與訴訟程序，特訂定本作業規定。

一、聴覚又は言語障害者、中華民国における国語に通じない者の権益を確実に保障し、通訳人を介した訴訟手続きへの参加に資するため、特に本作業規定を制定する。

二、本作業規定適用於當事人、證人、鑑定人或其他關係人（以下簡稱當事人或關係人）為聽覺或語言障礙者或不通曉國語人士之案件。

二、本作業規定は当事者、証人、鑑定人又はその他の関係者（以下当事者又は関係者という）が聴覚若しくは言語障害者又は中華民国における国語に通じない者である事案に適用する。

三、法院審理案件時，宜主動瞭解、詢問當事人或關係人有無傳譯需求，並視個案需要選任通譯。

前項情形，法院宜於傳喚或通知時，以附記文字或附加使用通譯聲請書（如附件）之方式，告知其可向法院提出傳譯需求。

三、裁判所は事案の審理に際し、自ら当事者または関係者に通訳の必要があるか否かを調査し、また個別事案の必要に応じて通訳人を選任すべきである。

前項において、裁判所は召喚または通知に際し、文言を付記または通訳人使用申立書（別紙のとおり）を添付し、裁判所に対して通訳人選任の

申立をすることができる旨を、当事者または関係者に告知すべきである。

四、法院於審理案件需用通譯時，宜先選任現職通譯，於現職通譯不適宜或不敷應用時，得選任特約通譯。

法院審理案件時，如所遴聘之特約通譯因故均不能擔任職務或人數不敷應用時，得因應需要，函請相關機關或單位協助指派熟諳該國語言人員擔任臨時通譯。

四、裁判所は事案の審理に通訳人が必要な場合には、まず現職通訳人を選任するべきであり、現職通訳人が不適当または人数が不足する場合には、特約通訳人を選任することができる。

裁判所は事案の審理に際し、召喚した特約通訳人が、何らかの事由によりいずれも職務を担当できなかったり人数が不足する場合には、必要に応じて文書を以って関係機関または部門に対し、当該国の言語に精通する者を臨時通訳人として派遣するよう要請することができる。

五、對於案情繁雜之案件，法院得選任二名以上之通譯，分為主譯及輔譯。

主譯傳譯時，輔譯應始終在庭，並專注留意主譯傳譯之正確性。

五、内容が複雑な事案について、裁判所は二名以上の通訳人を選任することができ、主通訳人および補佐通訳人に分けるものとする。

主通訳人が通訳を行う時は、補佐通訳人は常に法廷内にあって、主通訳人の通訳の正確性に注意を払わなければならない。

六、法院應視實際開庭情形，酌定休息時間，避免通譯執行職務過勞而影響傳譯品質。

六、裁判所は実際の開廷状況を注視し、休憩時間を定めることで、通訳人が職務執行において過労により通訳の質に影響することを避けなければならない。

七、當事人或關係人如自備傳譯人員，法院為選任前，應主動瞭解該

傳譯人員之身分、傳譯能力及其與受訊問人之關係。

　　七、当事者または関係者が自ら通訳人を委託した場合、裁判所は選任前に、自ら当該通訳人の身分、通訳能力および尋問を受ける者との関係を調べなければならない。

八、法院單一窗口聯合服務中心及開庭報到處應備置使用通譯聲請書，俾利需要傳譯服務之當事人或關係人填寫。

　　八、裁判所は、通訳を必要とする当事者または関係者のために、単一窓口総合サービスセンターおよび開廷受付に通訳人使用申立書を備えなければならない。

　　九、法院現職通譯或特約通譯以外之人，執行通譯職務時，準用第五點至第七點規定。

　　九、裁判所の現職通訳人または特約通訳人以外の者が通訳人の職務を執行する場合は、第五点から第七点の規定を準用する。

附件／別紙
○○○○法院使用通譯聲請書

　　○○○○裁判所通訳人使用申立書

　　案號：○○年度○○字第○○號

　　案件番号：○○年度○○字第○○号

　　股別：○

　　担当別：○

　　本人○○○因係　□聽覺或語言障礙者

　　本人○○○は　　　聴覚或いは又は言語障害者

　　□原住民 (族別：＿＿＿＿＿＿＿＿＿＿）

　　原住民 (族別：＿＿＿＿＿＿＿＿＿＿）

　　　　　□外國人 (國籍：_____)

外国人 (国籍：_____)

　　　　　□其他原因：_____

その他原因：_____

　　而有不通曉國語或無法以國語順暢表達意見之情形，爰具狀聲請選任
○○語通譯。

　　なので、中国語に通じていない、または中国語で流暢に意見を述べる
ことができないため、ここに書面にて○○語通訳人の選任を申立てます。

　　此致
　　○○○○法院 公鑒
　　○○○○裁判所 御中

　　※ 附件及份數 (依聲請原因勾選)

　　※別紙および通数（申立原因に応じて以下から選んでください）

　　□ 戸籍謄本影本○件

　　戸籍謄本のコピー○通

　　□ 中華民國居留證影本○件

　　中華民国居留証のコピー○通

　　□ 身心障礙證明影本○件

　　心身障害を証明する書類のコピー複製○通

　　□ 護照影本○件

　　パスポートのコピー○通

　　□ 其他：_____

　　その他：_____

　　聲請人：　　　　　 (簽名蓋章)

申立人：　　　　　　　　（署名押印）

身分證統一編號（居留證或護照號碼）：

身分証統一番号（居留証またはパスポート番号）：

住居所：

住居所：

聯絡電話：

連絡電話：

中　華　民　國　　年　　月　　日

中　華　民　国　　年　　月　　日

中印尼文法院使用通譯作業規定

法院使用通譯作業規定

Peraturan Prosedur yang Digunakan Penerjemah di Pengadilan

中華民國 102 年 10 月 25 日院台廳司一字第 1020028257 函訂定

Pemutusan Taiwan U U.No.1020028257 Taiwan R.O.C 25.10.2014

中華民國 105 年 3 月 30 日院台廳司一字第 1050008500 函修正

Dokumen Revisi Pengadilan Taiwan UU Satu No.1050008500, ROC 30-Maret-2016

一、為落實保障聽覺或語言障礙者、不通曉國語人士之權益，並利其使用通譯參與訴訟程序，特訂定本作業規定。

1. Untuk menjamin perlindungan hak bagi gangguan pendengar (tuna rungu) atau hambatan bahasa (tuna wicara) dan yang tidak mengerti bahasa Mandarin, maka ada prosedur untuk permohonan penerjemah untuk penanganan kasus.

二、本作業規定適用於當事人、證人、鑑定人或其他關係人（以下簡稱當事人或關係人）為聽覺或語言障礙者或不通曉國語人士之案件。

2. Ketentuan ini berlaku untuk pihak yang berperkara, saksi, ahli penilai atau pihak terkait lainnya (selanjutnya disebut pihak yang berperkara atau pihak terkait) untuk gangguan pendengar (tuna rungu) atau hambatan bahasa (tuna wicara) ataupun orang yang tidak mengerti bahasa Mandarin dalam kasusnya.

三、法院審理案件時，宜主動瞭解、詢問當事人或關係人有無傳譯需求，並視個案需要選任通譯。

前項情形，法院宜於傳喚或通知時，以附記文字或附加使用通譯聲請書（如附件）之方式，告知其可向法院提出傳譯需求。

3. Saat pengadilan memroses satu kasus ,sebaiknya dengan sendirinya memahami , bertanya pada pihak yang bersangkutan atau orang

yang ada berhubungan perlu tidaknya juru bahasa ， melihat situasi dan kondisi apakah dibutuhkan penerjemah.

Seperti pernyataan diatas ， saat pengadilan perlu menyuruh penerjemahan maka dilampirkan kata-kata atau secara resmi dengan surat perintah pengadilan atau surat pemberitahuan(seperti lampiran), memberitahu ke pengadilan bahwa perlu permohonan juru bahasa.

四、法院於審理案件需用通譯時，宜先選任現職通譯，於現職通譯不適宜或不敷應用時，得選任特約通譯。

法院審理案件時，如所遴聘之特約通譯因故均不能擔任職務或人數不敷應用時，得因應需要，函請相關機關或單位協助指派熟諳該國語言人員擔任臨時通譯。

4. Ketika pengadilan dalam persidangan suatu kasus ， membutuhkan seseorang yang tugasnya sebagai penerjemah maka didahulukan memilih yang pekerjaannya sebagai penerjemah tetap ,bila penerjemah yang dipilih tidak cocok atau apabila kekurangan penerjemah maka boleh memakai penerjemah kontrak khusus.

Ketika pengadilan sedang mengadili dan membutuhkan penerjemah kontrak khusus karena mempertimbangkan tidak mampu menjalankan tugasnya atau kekurangan orang saat diperlukan, karena sangat dibutuhkan,maka mengundang pada relevan atau aparat yang bersangkutan untuk membantu memberi tugas pada orang yang memahami bahasa mandarin sebagai penerjemah sementara.

五、對於案情繁雜之案件，法院得選任二名以上之通譯，分為主譯及輔譯。

主譯傳譯時，輔譯應始終在庭，並專注留意主譯傳譯之正確性。

5. Terhadap kasus yang rumit, pengadilan boleh memilih lebih dari dua juru bahasa, terbagi sebagai penerjemah utama dan wakil penerjemah .

Saat penerjemah utama sedang menerjemahkan,wakil penerjemah harus berada dipengadilan dari awal sampai akhir , serta memfokus perhatian pada kebenaran hal yang diterjemahkan penerjemah utama .

六、法院應視實際開庭情形，酌定休息時間，避免通譯執行職務過勞而影響傳譯品質。

6. Pengadilan akan mempertimbangkan kasus sebagaimana mestinya, menentukan waktu istirahat, agar penerjemah terhindar dari kelelahan dalam menjalankan tugasnya sehingga mempengaruhi kualitas interpretasi.

七、當事人或關係人如自備傳譯人員，法院為選任前，應主動瞭解該傳譯人員之身分、傳譯能力及其與受訊問人之關係。

7. Bila pihak yang bersangkutan atau orang yang ada hubungan dengan klien menyediakan seorang juru bicara sendiri pada saat sebelum pengadilan yang memilih , seharusnya dengan sendirinya mengerti akan status juru bahasa tersebut kemampuan juru bahasa dan hubungannya dengan yang diinterogasi.

八、法院單一窗口聯合服務中心及開庭報到處應備置使用通譯聲請書，俾利需要傳譯服務之當事人或關係人填寫。

8. Satu jendela dari pusat layanan bersama pengadilan dan tempat lapor setelah tiba dipengadilan, seharusnya menyedikan surat permohonan penerjemah, sehingga memudahkan penulisan bila diperlukan bantuan juru bahasa bagi klien atau orang yang berhubungan.

九、法院現職通譯或特約通譯以外之人，執行通譯職務時，準用第五點至第七點規定。

9. Selain yang bertugas sebagai penerjemah pengadilan atau penerjemah kontrak khusus, saat melaksanakan tugas interpretasi adalah menggunakan undang-undang yang berlaku ayat 5 sampai ayat 7.

附件／lampiran

　　○○○○法院使用通譯聲請書

　　Surat permohonan yang digunakan penerjemah Pengadilan ○○○○

　　案號：○○年度○○字第○○號

　　Pengadilan . No.kasus：○○ Tahun ○○ Kata ke ○○ Nomor

　　股別：○

　　Seksi：○

　　本人○○○因係　　　□ 聽覺或語言障礙者

　　SAYA ○○○ Dikarenakan　　Orang yang gangguan pendengar (tuna rungu) atau hambatan bahasa (tuna wicara)

　　　　□ 原住民（族別：＿＿＿＿＿＿＿＿＿＿）

　　Kebangsaan（Suku：＿＿＿＿＿＿＿）

　　　　□ 外國人（國籍：＿＿＿＿）

　　Warga asing（Kewarganegaraan：＿＿＿＿）

　　　　□ 其他原因：＿＿＿＿＿＿＿＿＿＿＿＿

　　Alasan lainnya：＿＿＿＿＿＿＿＿＿＿＿，

　　而有不通曉國語或無法以國語順暢表達意見之情形，爰具狀聲請選任○○語通譯。

　　bila ada kesulitan bahasa mandarin atau tidak dapat menggunakan bahasa mandarin dengan lancar dalam mengekspresikan maksud dari suatu kasus , meminta permohonan Juru bahasa ○○ .

　　此致

　　○○○○法院 公鑒

Tertanda Pengadilan ○○○○

※ 附件及份數（依聲請原因勾選）

Catatan lampiran dan jumlah set（beri tanda alasan permohonan）

□ 戶籍謄本影本○件

Fotokopi KK ○ lb.

□ 中華民國居留證影本○件

Fotokopi kartu ARC Taiwan ○ lb.

□ 身心障礙證明影本○件

Fotokopi Bukti Cacat Fisik Mental ○ lembar.

□ 護照影本○件

Fotokopi paspor ○ lb.

□ 其他：＿＿＿＿＿＿＿＿＿＿

dll . :＿＿＿＿＿＿＿＿＿＿

聲請人：　　　　　（簽名蓋章）

Pemohon：　　　　　（ttd.& stempel）

身分證統一編號（居留證或護照號碼）：

No.KTP.（ARC atau No. Paspor）：

住居所：

Alamat tempat tinggal：

聯絡電話：

Telepon：

中　華　民　國　　年　　月　　日

Taiwan ROC tgl　bln　　thn

中泰文法院使用通譯作業規定

法院使用通譯作業規定

ข้อกำหนดของศาลในการใช้ล่าม

中華民國 102 年 10 月 25 日院台廳司一字第 1020028257 函訂定

สาธารณรัฐ จีนไต้หวันวันที่25เดือน10ปี102หยวนไถถิงซืออี้จื้อ ฉบับที่1020028257

中華民國 105 年 3 月 30 日院台廳司一字第 1050008500 函修正

หนังสือแก้ไขเพิ่มเติมย่วนไถทิงซืออี้จื้อ เลขที่ 1050008500 ลงวันที่ 30 มีนาคม ค.ศ. 2016 สาธารณรัฐจีน ไต้หวัน

　　一、為落實保障聽覺或語言障礙者、不通曉國語人士之權益，並利其使用通譯參與訴訟程序，特訂定本作業規定。

1. เพื่อเป็นการคุ้มครองสิทธิของผู้พิการทางหูและผู้ที่มีอุปสรรคในการพูด และผู้ที่ไม่ชำนาญภาษาจีนกลาง จึงมีความจำเป็นต้องมีล่ามมามีส่วนร่วมในขั้นตอนการดำเนินคดี จึงได้กำหนดข้อปฏิบัตินี้ขึ้น

　　二、本作業規定適用於當事人、證人、鑑定人或其他關係人（以下簡稱當事人或關係人）為聽覺或語言障礙者或不通曉國語人士之案件。。

2. ข้อกำหนดนี้จัดทำขึ้นเพื่อผู้พิการทางหูและผู้ที่มีอุปสรรคในการพูด และผู้ที่ไม่ชำนาญภาษาจีนกลางเป็นคู่ความ พยานบุคคล ผู้วินิจฉัย หรือผู้มีส่วนเกี่ยวข้องอื่นๆ (ซึ่งต่อไปเรียกว่าคู่ความหรือผู้ที่มีส่วนเกี่ยวข้อง)

　　三、法院審理案件時，宜主動瞭解、詢問當事人或關係人有無傳譯需求，並視個案需要選任通譯。

　　前項情形，法院宜於傳喚或通知時，以附記文字或附加使用通譯聲請書（如附件）之方式，告知其可向法院提出傳譯需求。

3. เมื่อศาลดำเนินการพิจารณาคดี ต้องมีการทำความเข้าใจ สอบถามคู่ความหรือผู้เกี่ยวข้อง มีความต้องการล่ามหรือไม่ และวิเคราะห์ตามความต้องการของแต่ละคดีในการแต่งตั้งล่าม

จากกรณีข้างต้น เมื่อศาลส่งหมายเรียกหรือหนังสือแจ้ง ควรมีวิธีการเขียนเป็นลายลักษณ์อักษรหรือแนบหนังสือคำร้อง ขอใช้ล่าม(ตามเอกสารอ้างอิง) เพื่อแจ้งให้ศาลทราบว่ามีความต้องการล่ามมาช่วยในการถ่ายทอดการให้การ

　　四、法院於審理案件需用通譯時，宜先選任現職通譯，於現職通譯不適宜或不敷應用時，得選任特約通譯。

　　法院審理案件時，如所遴聘之特約通譯因故均不能擔任職務或人數不敷

應用時，得因應需要，函請相關機關或單位協助指派熟諳該國語言人員擔任臨時通譯。

4. ในขณะที่ศาลดำเนินการพิจารณาคดีมีความต้องการล่าม ควรจะเลือกจากล่ามที่ประจำของศาล หากล่ามประจำของศาลไม่ เหมาะสมหรือไม่เพียงพอ ถึงจะสามารถเลือกล่ามอิสระได้

ในขณะที่ศาลดำเนินคดี หากล่ามอิสระด้วยเหตุผลบางอย่างหรือจำนวนไม่เพียงพอทำให้ไม่สามารถทำหน้าที่ล่ามได้ เพื่อ ความต้องการในการใช้ล่าม สามารถที่จะแจ้งหนังสือไปยังสำนักราชการที่เกี่ยวข้องหรือหน่วยงานให้ ความช่วยเหลือ ให้มอบหมายบุคลากรที่คุ้นเคยกับภาษาของประเทศนั้นๆ มาเป็นล่ามชั่วคราว

五、對於案情繁雜之案件，法院得選任二名以上之通譯，分為主譯及輔譯。

主譯傳譯時，輔譯應始終在庭，並專注留意主譯傳譯之正確性。

5. สำหรับคดีที่มีกรณีซับซ้อน ศาลจำเป็นต้องมีการแต่งตั้งล่าม 2 คนขึ้นไป แบ่งเป็นล่ามหลักและล่ามเสริม

เมื่อล่ามหลักทำการแปล ล่ามเสริมควรจะอยู่ในศาล และให้ความสนใจในเนื้อหาการแปลของล่ามหลัก

六、法院應視實際開庭情形，酌定休息時間，避免通譯執行職務過勞而影響傳譯品質。

6. ศาลควรพิจารณาจากสถานการณ์ในการดำเนินคดี จัดแบ่งเวลาในการพัก เพื่อมิให้ล่ามเกิดความเหนื่อยล้าใน การแปลแล้ว ส่งผลกระทบต่อคุณภาพของถ่ายทอดการแปล

七、當事人或關係人如自備傳譯人員，法院為選任前，應主動瞭解該傳譯人員之身分、傳譯能力及其與受訊問人之關係。

7. คู่ความหรือผู้เกี่ยวข้อง หากมีการแต่งตั้งล่ามมาด้วย ก่อนที่ศาลจะเลือกให้เป็นล่าม ควรที่จะทำความเข้าใจ เกี่ยวกับ ประวัติของล่าม ความสามารถในการแปลและมีความสัมพันธ์อย่างไรกับบุคคลที่จะสอบถาม

八、法院單一窗口聯合服務中心及開庭報到處應備置使用通譯聲請書，俾利需要傳譯服務之當事人或關係人填寫。

8. ศูนย์อเนกประสงค์บริการทางตรงของศาลและจุดรายงานตัวเปิดศาล ควรจะมีการจัดวางหนังสือคำร้องขอใช้ล่าม เพื่อให้คู่ความหรือผู้เกี่ยวข้องที่ต้องการขอใช้บริการการล่ามสะดวกในการกรอกข้อความ

九、法院現職通譯或特約通譯以外之人，執行通譯職務時，準用第五點至第七點規定。

9. นอกจากล่ามประจำของศาลหรือล่ามอิสระแล้ว บุคคลที่เป็นล่ามเมื่อปฏิบัติหน้าที่ล่าม ต้องใช้ข้อกำหนดข้อที่ 5
ถึงข้อที่ 7

附件／*เอกสารอ้างอิง*

○○○○法院使用通譯聲請書

○○○○ *หนังสือคำร้องขอใช้ล่ามของศาล*

案號：○○年度○○字第○○號

คดีที่ : ○○ *ปีที่* ○○ *เลขที่* ○○

股別：○

หน่วยที่ : ○

本人因係　　□聽覺或語言障礙者

ข้าพเจ้า ○○○ *เนื่องจาก ผู้พิการทางหูและผู้ที่มีอุปสรรคในการพูด*

□原住民（族別：＿＿＿＿＿＿）

ชนเผ่าพื้นเมือง(ชนเผ่า : ＿＿＿＿＿＿)

□外國人（國籍：＿＿＿＿＿）

ชาวต่างชาติ (สัญชาติ : ＿＿＿＿＿＿)

□其他原因：＿＿＿＿＿＿＿＿

เหตุผลอื่นๆ : ＿＿＿＿＿＿＿＿

而有不通曉國語或無法以國語順暢表達意見之情形，爰具狀聲請選任
○○語通譯。

ม่เข้าใจภาษาจีนกลางหรือไม่สามารถที่จะแสดงความคิดเห็นเป็นภาษาจีนกลางได้อย่างชัดเจน
จึงได้เขียนคำร้องขอนี้ขึ้นเพื่อขอล่ามภาษา ○○

此致
○○○○法院 公鑒

เรียน

○○○○ ศาล

※ 附件及份數（依聲請原因勾選）

เอกสารอ้างอิงและจำนวนชุด(ตามเหตุผลที่เลือก)

□ 戶籍謄本影本○件

สำเนาทะเบียนบ้าน ○ ฉบับ

□ 中華民國居留證影本○件 ฉบับ

สำเนาบัตรถิ่นที่อยู่ไต้หวัน(กามาร์) ○ ฉบับ

□ 身心障礙證明影本○件

สำเนาหลักฐานคนพิการ ○ เล่ม

□ 護照影本○件

สำเนาหนังสือเดินทาง ○ ฉบับ

□ 其他：＿＿＿＿＿＿＿＿

อื่น ๆ : ＿＿＿＿＿＿＿

聲請人：　　　　　（簽名蓋章）

ผู้ร้องขอ :　　　　　เซ็นชื่อประทับตราชื่อ

　　　　身 分 證 統 一 編 號（居 留 證 或 護 照 號 碼）：

หมายเลขบัตรประจำตัว(หมายเลขบัตรถิ่นที่อยู่กามาร์หรือหนังสือเดินทาง) :

住居所 ที่อยู่ :

聯絡電話 โทรศัพท์ :

中 華 民 國 年 月 日

　　　　ปี　เดือน　วัน

中越文法院使用通譯作業規定

法院使用通譯作業規定

QUY ĐỊNH VỀ QUY TRÌNH SỬ DỤNG THÔNG DỊCH TẠI TÒA ÁN

中華民國 102 年 10 月 25 日院台廳司一字第 1020028257 函訂定

Ban hành theo công văn số 1020028257 Viện Đài Sảnh Tư NhấtTrung Hoa Dân Quốc ngày

25 tháng 10 năm 2013

中華民國 105 年 3 月 30 日院台廳司一字第 1050008500 函修正

Công văn sửa đổi số 1050008500 Viện Đài Sảnh Tư Nhất Trung Hoa Dân Quốc ngày 30 tháng 3 năm

2016

一、為落實保障聽覺或語言障礙者、不通曉國語人士之權益，並利其使用通譯參與訴訟程序，特訂定本作業規定。

1. Nhằm sát thực đảm bảo quyền lợi của người khuyết tật nghe hoặc khuyết tật nói, người không thông hiểu tiếng Trung, tạo điều kiện được sử dụng phiên dịch khi tham gia trình tự tố tụng, ban hành quy định quy trình này.

二、本作業規定適用於當事人、證人、鑑定人或其他關係人（以下簡稱當事人或關係人）為聽覺或語言障礙者或不通曉國語人士之案件。

2. Quy định quy trình này được áp dụng đối với đương sự, người làm chứng, người giám định hoặc người có liên quan khác (sau đây gọi tắt là đương sự hoặc người liên quan) là người khuyết tật nghe hoặc khuyết tật nói hoặc người không thông hiểu tiếng Trung của vụ án.

三、法院審理案件時，宜主動瞭解、詢問當事人或關係人有無傳譯需求，並視個案需要選任通譯。

前項情形，法院宜於傳喚或通知時，以附記文字或附加使用通譯聲請書（如附件）之方式，告知其可向法院提出傳譯需求。

3. Tòa án trong quá trình thẩm tra xét xử vụ án, nên chủ động tìm hiểu, hỏi người đương sự hoặc người có liên quan có nhu cầu sử dụng thông dịch không,

và căn cứ theo nhu cầu của từng vụ án để chọn điều thông dịch.

Dựa theo trường hợp trên, Tòa án khi triệu tập ra tòa hoặc thông báo, với phương thức ghi kèm theo chữ viết hoặc đính kèm theo đơn xin sử dụng thông dịch (như phụ lục đính kèm), thông báo cho biết có thể đề xuất với Tòa án có nhu cầu cần thông dịch.

四、法院於審理案件需用通譯時，宜先選任現職通譯，於現職通譯不適宜或不敷應用時，得選任特約通譯。

法院審理案件時，如所遴聘之特約通譯因故均不能擔任職務或人數不敷應用時，得因應需要，函請相關機關或單位協助指派熟諳該國語言人員擔任臨時通譯。

4. Tòa án trong quá trình thẩm tra xét xử vụ án cần sử dụng thông dịch, nên ưu tiên sử dụng thông dịch biên chế chính thức của tòa án, khi thông dịch biên chế chính thức không thích hợp hoặc không đáp ứng công tác thông dịch, được chọn điều thông dịch được Tòa án mời theo hợp đồng.

Tòa án trong quá trình thẩm tra xét xử vụ án, nếu như thông dịch được Tòa án mời theo hợp đồng vì lý do nào đó không thể đảm nhiệm được công t c th ng dịch hoặc số người thông dịch không đủ đáp ứng nhu cầu, để giải quyết nhu cầu, được gửi công văn đến các cơ quan hoặc đơn vị liên quan hỗ trợ điều cử nhân viên thông thạo tiếng nước đó đảm nhiệm thông dịch tạm thời.

五、對於案情繁雜之案件，法院得選任二名以上之通譯，分為主譯及輔譯。

主譯傳譯時，輔譯應始終在庭，並專注留意主譯傳譯之正確性。

5. Đối với vụ án có tình tiết phức tạp, Tòa án được điều cử hai thông dịch viên trở lên, phân thành thông dịch chính và thông dịch phụ.

Khi thông dịch chính phụ trách thông dịch, thông dịch phụ phải có mặt từ đầu đến kết thúc tại phiên tòa, và tập trung lưu ý vào mức độ thông dịch chính xác của thông dịch chính.

六、法院應視實際開庭情形，酌定休息時間，避免通譯執行職務過勞而影響傳譯品質。

6. Tòa án phải căn cứ theo tình hình mở phiên tòa thực tế, nên cân nhắc quy định thời gian giải lao, để tránh thông dịch viên quá mệt mỏi trong quá trình thi hành công vụ, ảnh hưởng đến chất lượng thông dịch.

七、當事人或關係人如自備傳譯人員，法院為選任前，應主動瞭解該傳譯人員之身分、傳譯能力及其與受訊問人之關係。

7. Người đương sự hoặc người có liên quan nếu tự chuẩn bị thông dịch viên, Tòa án sẽ ưu tiên sử dụng, nhưng cần phải chủ động tìm hiểu rõ thân phận, khả năng thông dịch và quan hệ với người bị thẩm vấn của người thông dịch này.

八、法院單一窗口聯合服務中心及開庭報到處應備置使用通譯聲請書，俾利需要傳譯服務之當事人或關係人填寫。

8. Tại trung tâm phục vụ liên hiệp một cửa của Tòa án và phòng báo trình diện phiên tòa phải xếp bày mẫu đơn xin sử dụng thông dịch, để tiện người đương sự hoặc người có liên quan có nhu cầu được phục vụ thông dịch ghi điền.

九、法院現職通譯或特約通譯以外之人，執行通譯職務時，準用第五點至第七點規定。

9. Người không phải là thông dịch biên chế chính thức của tòa án hoặc thông dịch được Tòa án mời theo hợp đồng, khi thi hành công tác thông dịch, được phép áp dụng quy định của điểm 5 đến điểm 7.

附件 / Phụ lục đính kèm
○○○○法院使用通譯聲請書

n xin sử dụng thông dịch tại Tòa án ○○○○

案號：○○年度○○字第○○號

Số án : Số ○○ hiệu ○○ năm ○○

股別：○

Ban:○

本人○○○因係　　　□聽覺或語言障礙者

Tôi là ○○○ thuộc diện　　Người khuyết tật nghe hoặc khuyết tật nói

□ 原住民（族別：＿＿＿＿＿＿）

Người dân tộc（Dân tộc:＿＿＿＿＿＿）

□ 外國人（國籍：＿＿＿＿）

Người nước ngoài（Quốc tịch:＿＿＿＿）

□ 其他原因

Nguyên nhân khác:＿＿＿＿＿＿＿＿，

而有不通曉國語或無法以國語順暢表達意見之情形，爰具狀聲請選任○○語通譯。

Do có tình hình không thông hiểu tiếng Trung hoặc không thể biểu đạt ý kiến suôn sẻ bằng tiếng Trung, nên trình đơn xin điều cử thông dịch viên nói tiếng○○.

此致

○○○○法院 公鑒

Kính trình

Tòa án ○○○○ xem xét

※ 附件及份數（依聲請原因勾選）

Phụ lục đính kèm và số lượng (Đánh dấu móc theo nguyên nhân đơn xin)

☐ 戶籍謄本影本○件

Bản sao sổ hộ khẩu ○bản

☐ 中華民國居留證影本○件

Bản photo Thẻ cư trú Trung Hoa Dân Quốc ○bản

☐ 身心障礙證明影本○件

Bản sao Giấy chứng nhận khuyết tật ○ bản

☐ 護照影本○件

Bản photo hộ chiếu ○bản

☐ 其他 :_____

Kh   c:_____

聲請人：　　　　　　　（簽名蓋章）

Người làm đơn:　　　　　(Ký tên đóng dấu)

身分證統一編號（居留證或護照號碼）：

Số chứng minh nhân dân (Số thẻ cư trú hoặc hộ chiếu):

住居所：

Địa chỉ chỗ ở:

聯絡電話：

Điện thoại liên hệ:

中　華　民　國　　年　　月　　日

Trung　Hoa　Dân　Quốc　Ngày　tháng　năm

國家圖書館出版品預行編目 (CIP) 資料

司法通譯 / 陳允萍著 . -- 第一版 . -- 新北市：零
極限文化 , 2017.06　面；　公分
ISBN 978-986-94687-5-6(平裝)
1. 審判 2. 陪審 3. 口譯
586.69　　　　　　　　　　　　　106008663

育文教 22

司法通譯

發 行 人	蔡嫦琪
作 　 者	陳允萍 Peter
總 編 輯	常 璽
責任編輯	胡郁婷
封面設計	Wen
內頁設計	開心點
內頁排版	Wen
校 　 對	黃鈺珍
出版發行	零極限文化出版社
客服電話	02-2606-8228
公司傳真	02-2606-8238
公司地址	新北市林口區文化二路一段 266 號 16 樓之 1
官方網站	www.eastgold.cc
客服信箱	win.servic@gmail.com
商務整合	點石成金文創志業有限公司
印 　 製	彩峰造藝印像股份有限公司
總 經 銷	聯合發行股份有限公司
電 　 話	02-2917-8022
版 　 次	2017 年 06 月 第一版
定 　 價	580 元

點石成金　喜悦生命　文創志業　執善惜福

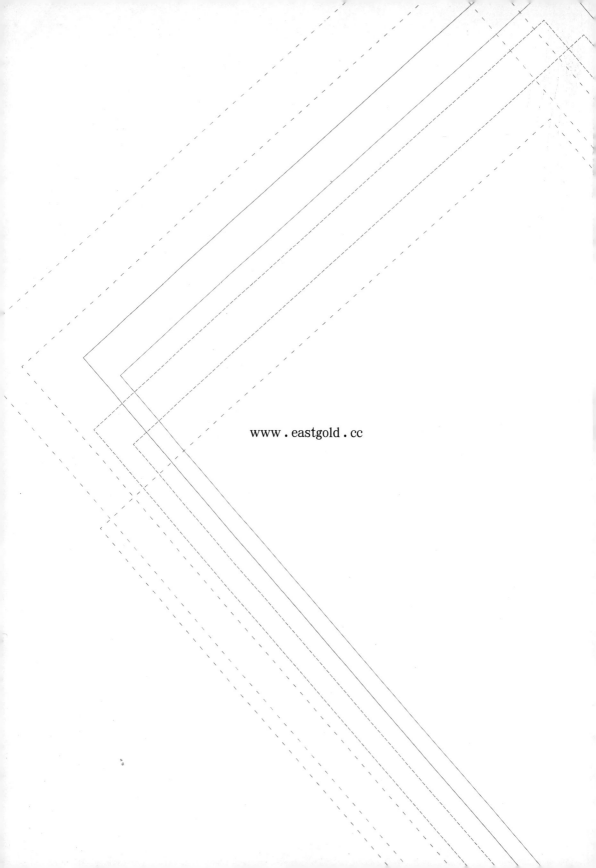